Autoliderança e O Gerente-Minuto

KEN BLANCHARD

SUSAN FOWLER
LAURENCE HAWKINS

Auto-liderança e O :01 Gerente--Minuto

1ª edição

Tradução de
Claudia Gerpe Duarte

best.
business

Rio de Janeiro – 2022

CIP-BRASIL. CATALOGAÇÃO NA PUBLICAÇÃO
SINDICATO NACIONAL DOS EDITORES DE LIVROS, RJ

Blanchard, Kenneth H., 1939-

B571a   Autoliderança e o gerente-minuto : como desenvolver o mindset e as habilidades para ser bem-sucedido / Ken Blanchard, Susan Fowler, Laurence Hawkins ; [tradução Claudia Gerpe Duarte]. - 1. ed. - Rio de Janeiro : Best Business, 2022.

Tradução de: Self leadership and the one minute manager
Apêndice
ISBN 978-85-68-90577-7

1. Liderança. 2. Autogerenciamento (Psicologia) 3. Administração de pessoal. 4. Sucesso nos negócios. I. Fowler, Susan. II. Hawkins, Laurence. III. Duarte, Claudia Gerpe. IV. Título.

	CDD: 650.1
21-73540	CDU: 658.3:159.947

Camila Donis Hartmann - Bibliotecária - CRB-7/6472

Copyright © Polvera Publishing, Susan Fowler, and Laurie Hawkins, 2005, 2017
Publicado em um acordo com William Morrow, um selo da Harper Collins Publishers.

Copyright do modelo SLII®: © The Ken Blanchard Companies, 2017

Título original em inglês: Self leadership and the one minute manager

Todos os direitos reservados. Proibida a reprodução, armazenamento ou transmissão de partes deste livro, através de quaisquer meios, sem prévia autorização por escrito.

Texto revisado segundo o novo Acordo Ortográfico da Língua Portuguesa.

Direitos exclusivos de publicação em língua portuguesa para o Brasil adquiridos pela Best Business, um selo da Editora Best Seller Ltda. Rua Argentina 171 – 20921-380 – Rio de Janeiro, RJ – Tel.: 2585-2000, que se reserva a propriedade literária desta tradução.

Impresso no Brasil

ISBN 978-85-68-90577-7

Seja um leitor preferencial Record.
Cadastre-se em www.record.com.br
e receba informações sobre nossos
lançamentos e nossas promoções.

Atendimento e venda direta ao leitor:
sac@record.com.br

À minha mãe, Dorothy Blanchard, que me ensinou a assumir o controle da minha vida antes que outra pessoa o fizesse.

KEN BLANCHARD

Aos meus maravilhosos pais, Phyllis e Dick, que me ajudaram a perceber a mágica da autoliderança, estimulando minha curiosidade, independência e amor pelo aprendizado.

SUSAN FOWLER

Às minhas três filhas, Genevieve, Ashley e Juliet, na esperança de que elas possam se beneficiar desses conceitos e ferramentas de autoliderança e desfrutar de uma boa qualidade de vida.

LAURENCE HAWKINS

Sumário

Introdução, de Ken Blanchard 9

1. Você acredita em mágica? 13
2. As pessoas não conseguem ler pensamentos 29
3. Raciocínio de elefante 37
4. Ciclos de poder 51
5. Faça seu próprio diagnóstico 71
6. Consiga tudo de que você precisa 87
7. Correr juntos 97
8. Nada de desculpas 119
9. Mágica de um minuto 139

Apêndice: O truque do cartão de visita 149

Agradecimentos 151

Sobre os autores 153

Serviços disponíveis 157

Introdução

No mundo contemporâneo, é fundamental que as pessoas se tornem autolíderes — indivíduos capazes de definir prioridades, tomar a iniciativa e resolver problemas de forma independente.

Outrora, os gerentes da linha de comando e controle com frequência tomavam todas as decisões e diziam às pessoas o que, quando e como fazer as coisas. Sabemos que esse estilo de gestão pode desgastar um sentimento saudável de autonomia e refrear a iniciativa, a criatividade e o senso de bem-estar daqueles que a ele estão submetidos.

A natureza do trabalho no século XXI requer um ambiente de produção mais colaborativo. Os avanços tecnológicos estão descentralizando o local de trabalho. Por exemplo, um número maior de pessoas está trabalhando de maneira remota e usando ferramentas baseadas no armazenamento em nuvem para desenvolver projetos. As dinâmicas estão mudando tão rápido que os subordinados diretos não raro sabem mais a respeito de seu trabalho do que os próprios gerentes.

Nos postos de trabalho colaborativos e descentralizados dos nossos dias, é fundamental que as pessoas

10 | *Autoliderança e o Gerente-Minuto*

cooperem de forma proativa em vez de simplesmente responderem a ordens. Para que campanhas de vendas e iniciativas de atendimento ao cliente sejam bem-sucedidas, elas precisam ser apoiadas por pessoas versadas em autoliderança proativa.

Publicado pela primeira vez em 2005, *Autoliderança e o Gerente-Minuto* introduziu um caminho comprovado para o empoderamento por meio de uma parábola divertida. No mundo cada vez mais dinâmico do trabalho, esta edição atualizada é mais relevante do que nunca.

Se você for um colaborador individual, este livro lhe mostrará como ser proativo com relação a obter a ajuda de que precisa para ser bem-sucedido. Se for um gerente ou executivo, o livro lhe ensinará os conceitos básicos do desenvolvimento de autolíderes.

Nossa pesquisa mostra que quando os colaboradores individuais e os gerentes se organizam em torno da autoliderança, todos se tornam mais mobilizados e produzem melhores resultados. Por consequência, os clientes ficam mais felizes e as organizações aumentam sua lucratividade. Nessas empresas, a liderança está acontecendo em todos os setores, não apenas na alta direção.

Por conseguinte, aproveite esta história. Como você logo irá descobrir, a autoliderança não é uma rara aptidão reservada apenas para as pessoas altamente motivadas e talentosas. É uma atitude mental e um conjunto de habilidades que podem ser aprendidas — e ensinadas.

Ken Blanchard

AUTOLIDERANÇA E O GERENTE-MINUTO

1

Você acredita em mágica?

Steve pigarreou e seus olhos percorreram a mesa da sala de reuniões.

— Sejam bem-vindos.

Após meses de preparação, chegara o momento pelo qual ele havia trabalhado tão arduamente — faria a sua primeira apresentação de uma campanha publicitária. E ele estava bastante nervoso. Os dez homens e as duas mulheres sentados diante dele eram seus clientes, e eram essas pessoas que decidiriam se a campanha seria aprovada para o ano seguinte.

Steve distribuiu cópias da proposta encadernadas em espiral para os onze vice-presidentes e depois entregou uma a Roger, o presidente do United Bank.

— Gostaria de começar examinando nosso orçamento.

Steve conduziu a atenção deles para a tela do projetor, em que apresentou o montante do orçamento destinado ao design, à produção e às despesas com publicidade. Discutiu suas recomendações de mídia e o fundamento lógico que embasava cada um. Em seguida, explicou

14 | *Autoliderança e o Gerente-Minuto*

o raciocínio subjacente envolvido na parte criativa da campanha.

— Alguma dúvida? — perguntou Steve.

As pessoas ao redor da mesa fizeram gestos de negativo com a cabeça como resposta. Steve sentiu que elas estavam apenas esperando para ver exatamente como seria a campanha.

— Muito bem, passarei para o enfoque criativo que estamos recomendando.

Conduzindo a apresentação do seu laptop para a tela do projetor, Steve mostrou os *storyboards* para os comerciais de televisão propostos. Em seguida, exibiu anúncios impressos preliminares e fôlderes de mala direta. Finalmente, leu em voz alta o texto dos anúncios de rádio.

Quando a apresentação terminou, Steve respirou profundamente e esperou para ouvir a opinião do grupo.

Inicialmente, ninguém falou nada. O silêncio constrangedor se estendeu por alguns instantes.

Finalmente, um dos vice-presidentes disse:

— Você adotou um enfoque bem mais leve do que imaginei que faria, mas talvez isso seja bom, porque projeta a imagem de um banco acessível.

Outro vice-presidente falou:

— Você obviamente dedicou muito tempo e esforço a esta campanha.

Depois de outro silêncio embaraçoso, todos se voltaram para Roger, o presidente do banco.

— Está um lixo.

Você acredita em mágica? | 15

Aturdido, Steve ficou sem reação. Simplesmente não sabia como responder. Balançou a cabeça como se tentasse liberar alguma ideia.

— Acho que de fato deixamos muito a desejar — declarou Steve, finalmente. — Vou falar com a equipe de criação e entrarei em contato com os senhores na semana que vem.

Steve não se lembrava de como chegara até o carro. Ele se deu conta de que estava dirigindo, mas não de volta para a agência. Não conseguiria, por nada no mundo, encarar sua equipe naquele momento. Por sorte, sua chefe, Rhonda, estava viajando. Ele precisava encontrar um lugar onde pudesse ficar sozinho para pensar. E também precisava de uma boa xícara de café. Ao passar por um bairro desconhecido, avistou um estabelecimento chamado Cayla's Café e decidiu entrar, na esperança de encontrar algum alívio.

O olhar de Steve passeou pela livraria café, demorando-se nas mesas de madeira de lei que combinavam com as cadeiras pesadas. Era um lugar muito diferente da agitada agência de publicidade, repleta de equipamentos de alta tecnologia. Encontrou conforto no ambiente fresco e se sentiu revigorado pelo aroma do café.

O que saíra errado? Como as coisas tinham se desviado tanto do rumo?

Steve pediu um café *mocha* e sentiu o calor da caneca aquecer suas mãos. Depois desse último fiasco, estava certo de que seria demitido. Na verdade, pensando bem, estava surpreso por ter chegado tão longe.

Cinco anos antes, Steve tivera a impressão de que ganhara na loteria. Rhonda, cofundadora da Creative

16 | *Autoliderança e o Gerente-Minuto*

Advertising Agency, o contratara assim que ele se formara em marketing na faculdade. Para começar, ele ocupara um cargo júnior, mas conseguiu galgar rapidamente os degraus hierárquicos até se tornar gerente de produção, responsável por muitas contas de grande porte. No ano anterior, ele havia atuado como coprodutor do programa de premiação das mais destacadas campanhas publicitárias do setor.

Quatro meses antes, Steve se sentira lisonjeado quando Rhonda lhe dera a oportunidade de pegar um atalho e encurtar a trajetória de carreira padrão — em que ele seria executivo júnior de uma conta de grande porte —, oferecendo a ele a chance de assumir o cargo de executivo de uma conta pequena, porém muito conceituada: a do United Bank. Rhonda disse a Steve que queria empoderá-lo, e que essa era a ocasião perfeita para fazer isso.

Steve tinha encarado a promoção como uma oportunidade de provar o seu valor. Se conseguisse obter o reconhecimento merecido com o United Bank, logo assumiria contas de maior prestígio, com verbas mais vultosas.

Pelo menos, foi o que tinha conjecturado na época. Agora, sua segurança estava abalada e seu futuro era incerto. A reunião o deixara desanimado e quanto mais pensava na reação do presidente do banco, mais zangado ficava.

Em um lampejo ofuscante, Steve percebeu o verdadeiro motivo do seu fracasso: Rhonda. Ela o abandonara! Onde ela estava enquanto ele precisava dela e tudo ao seu redor estava desmoronando? Por que ela não o prevenira

Você acredita em mágica? | 17

de que o cliente era um pesadelo, o redator da sua equipe um chorão e o diretor de arte um egomaníaco? Rhonda era a única pessoa que poderia tê-lo salvo dessa humilhação, mas, em vez disso, ela preferira "empoderá-lo". Ele confiara em sua chefe e ela o havia jogado às feras.

Agora que se revelara um fracasso, Steve estava certo de que Rhonda iria demiti-lo. Decidiu então agir primeiro. Não permitiria que ela o demitisse — *ele* deixaria a empresa! Pegou então um bloco e uma caneta e começou a rascunhar sua carta de demissão.

Enquanto escrevia a primeira frase, sua atenção foi desviada pelo riso abafado de um grupo de crianças reunidas debaixo de uma placa rústica na qual se podia ler "Canto Mágico de Cayla". Ele ficou observando enquanto uma mulher pequena, cheia de vida, foi até as crianças e se sentou diante delas em uma banqueta, apoiando os antebraços nas coxas e se inclinando na direção dos pequenos. Sem dizer uma única palavra, fitou demoradamente cada criança. Steve teria conseguido ouvir um alfinete cair.

— Eu me chamo Cayla — disse ela baixinho, pronunciando cada palavra como se estivesse prestes a revelar um grande segredo. — E sou mágica.

Ela falou sobre um velho místico indiano que lhe ensinara a arte do domínio da mente sobre a matéria. Como demonstração, pegou dois elásticos, entrelaçou-os e puxou-os com força para mostrar que eles não podiam ser separados.

Explorando ao máximo a narrativa, Cayla afirmou ser capaz de separar os dois elásticos usando apenas o

18 | *Autoliderança e o Gerente-Minuto*

poder da mente — e foi o que ela fez. As crianças bateram palmas com entusiasmo. O que ela tinha feito fora realmente mágico. Steve voltou a se concentrar e continuou a escrever a carta de demissão, perdendo a noção do tempo.

— Você gostou da mágica?

A voz assustou Steve e o despertou da sua profunda concentração. Ele levantou os olhos e viu Cayla ao seu lado. Ele se levantou um pouco sem jeito e estendeu a mão para ela.

— Sinto muito, espero que não tenha se importado; foi divertido observá-la. Você é uma mágica muito boa. Eu me chamo Steve.

— Me importar? De jeito nenhum — disse a mulher, apertando a mão que Steve estendera. — Eu estava esperando que você se juntasse a nós. Sou Cayla.

— Gosto desse nome.

Cayla sorriu.

— Obrigada. Meus pais adoravam o nome porque ele significa "empoderada" em hebraico. Talvez seja por isso que tenho poderes mágicos — comentou a mulher, rindo.

Steve sorriu melancolicamente.

— Lembro-me de quando eu acreditava em mágica. Também me recordo da minha decepção quando percebi que isso não existe. Mas não me entenda mal, — ainda aprecio a habilidade por trás dos truques.

— Você não acredita em mágica — disse Cayla, suspirando. — É uma pena, porque está com cara de que está precisando de um pouco de mágica na sua vida.

Steve ficou surpreso demais para responder. Não imaginava que pudesse estar tão transparente. Cayla puxou

Você acredita em mágica? | 19

uma cadeira da mesa ao lado e se sentou, fazendo sinal para que Steve também se sentasse.

— Escute — disse ela, fitando Steve com o mesmo olhar intenso com que havia encarado as crianças pouco antes. — Você, obviamente, é um executivo. No entanto, está aqui, nesta livraria, no meio do expediente. Mal tocou no café e no pãozinho. Alguma coisa o está preocupando.

Encorajado pelo sorriso compreensivo de Cayla, Steve contou sua triste história, começando pelo orgulho e pelo entusiasmo que sentira quando se tornara executivo de uma conta antes de completar dois anos na empresa.

— Mas não demorou muito para que meu sonho se transformasse em um pesadelo — explicou ele. — Já nas primeiras reuniões com o cliente, tivemos dificuldade para definir uma verba para publicidade. Eu tinha elaborado orçamentos de mídia e de produção anteriormente, mas não consegui estabelecer qual seria uma verba adequada para esse cliente específico. Nada ocorreu naquelas reuniões iniciais que pudesse confirmar a primeira boa impressão que eles tiveram de mim ou da agência e, a partir daí, a situação degringolou.

— Não tínhamos verba, metas ou estratégia. Eu não sabia como orientar minha equipe de criação sem uma estratégia publicitária previamente estabelecida. O cliente estava me levando à loucura, ninguém conseguia se entender!

Cayla acenava com a cabeça, pensativa, enquanto ouvia Steve contar sua versão do relacionamento fracassado com o cliente.

20 | Autoliderança e o Gerente-Minuto

— E os membros da equipe de criação? Eles ajudaram? — perguntou ela.

— Ah, essa é outra história. As pessoas criativas são piores do que crianças mimadas. Tentei orientá-las, mas era como se estivesse tentando controlar o incontrolável. Quando pediam mais detalhes, eu tentava explicar que o cliente não conseguia se decidir por nenhuma estratégia. Mas elas se faziam de surdas. Diziam apenas que era minha tarefa descobrir o que o cliente deseja, mesmo que ele estivesse indeciso. Mas como eu deveria fazer isso? Finalmente, exigi que elas criassem alguma coisa — qualquer coisa — que eu pudesse mostrar ao cliente. E foi o que fizeram.

— Prefiro nem perguntar... — as palavras de Cayla foram esmaecendo.

— É por isso que estou aqui. Foi um fiasco. O cliente detestou a campanha. Droga, eu também detestei. Sabia que não estava boa, mas era tudo o que eu tinha. — Steve apoiava a cabeça nas mãos como se o fardo fosse pesado demais. — Estou farto de todo o processo de criação. Como não sou criativo, dependo da minha equipe, e eles não são nem um pouco confiáveis! Isso me coloca em uma situação perigosa. Como posso gerenciar o processo de criação se não sou criativo?

Cayla insistiu.

— E agora, o que você vai fazer?

— Estou escrevendo minha carta de demissão — respondeu Steve com bastante naturalidade.

— Entendi — comentou Cayla, pensativa. — Está deixando a empresa?

— Exatamente, antes que eu seja demitido.

Você acredita em mágica? | 21

— Por que você não procura sua chefe e pede ajuda?

— É tarde demais. O que Rhonda poderia fazer agora? Provavelmente vamos perder o cliente, e ela vai me culpar, embora não tenha sido culpa minha.

— De quem foi a culpa? — perguntou Cayla.

Steve balançou a cabeça, sentindo-se ainda mais traído por Rhonda.

— Não é óbvio? Quando Rhonda me abandonou, tudo desmoronou. Agora me sinto inseguro até mesmo nas áreas em que eu era competente, como as de orçamentos, de mídia e de produção. Até então, eu não tinha percebido como o mundo da publicidade é cruel. Não é como eu imaginava que seria — lamentou-se Steve.

— Exatamente como a mágica — interpôs Cayla. — Você adorava a mágica quando era ingênuo e capaz de rejeitar sua incredulidade. Mas agora a mágica o decepciona porque você compreende que há um truque por trás dela.

— Não estou tão certo de que exista algum truque por trás do sucesso nesse negócio. Se existe, ninguém até hoje se deu o trabalho de me mostrar — declarou Steve, em tom de provocação.

— Se quer saber minha opinião, parece que você está cheio de desculpas... agindo como uma pobre vítima das circunstâncias.

O comentário de Cayla soou ríspido para Steve, que se colocou na defensiva.

— Como assim "vítima das circunstâncias"?

— Estou me referindo a quando uma pessoa se recusa a assumir a responsabilidade pela situação em que se encontra. É mais fácil culpar todos à sua volta do que

22 | *Autoliderança e o Gerente-Minuto*

assumir a própria responsabilidade — respondeu Cayla sem se desculpar.

— Um momento. Você não pode me culpar pelo que aconteceu. As expectativas de Rhonda eram injustas. Não recebi o apoio de que precisava, nem dela nem da equipe de criação... e eu poderia apresentar muitos outros motivos — enfatizou Steve.

— Então — prosseguiu Cayla — Rhonda cometeu um erro ao lhe delegar a conta e deixá-lo livre para fazer seu trabalho, é isso?

Steve estava um pouco irritado — e surpreso — com o rumo que a conversa tomara. No entanto, no fundo, sabia que Cayla estava com a razão.

Os olhos de Cayla se encheram de empatia e, com um tom de voz reconfortante, disse:

— Neste momento, você está confuso e inseguro. Sente que há alguma verdade no que estou dizendo, mas aceitar isso envolveria assumir que *você* é o responsável... e não Rhonda, nem o cliente, nem a sua temperamental equipe de criação. De algum modo, isso não parece justo. Você está até mesmo sentindo um pouco de medo.

Steve fitou Cayla, perguntando-se como aquela mulher podia saber tudo aquilo. Era como se ela fosse capaz de ler sua mente.

— Deixe-me explicar — adiantou-se Cayla antes que Steve pudesse questioná-la. — Não posso ler sua mente. Como ilusionista, sou mestre em observação, embora, neste momento, não seja tão difícil assim adivinhar seus pensamentos.

Você acredita em mágica? | 23

Cayla fez uma pausa e fitou-o diretamente nos olhos.

— Steve, anos atrás eu estava em um barco muito parecido com esse em que você está afundando. Por sorte, conheci um homem maravilhoso conhecido como Gerente-Minuto. O que ele me ensinou causou uma mudança tão milagrosa na minha vida que chamo isso de mágica. Eu gostaria de transmitir essa mágica para você.

— Mágica? — perguntou Steve, incrédulo. — Acho que preciso mais do que prestidigitação e alguns passes de ilusionismo para lidar com essa confusão!

— Ela não está na prestidigitação ou nos passes — retrucou Cayla categoricamente. — A mágica procede da autoliderança.

A resposta de Steve foi rápida.

— A liderança pode funcionar para o Gerente-Minuto, mas não sou gerente... e muito menos um gerente famoso. Sou um humilde executivo de contas com uma gerente que não me apoia... pelo menos não quando é importante.

Cayla ergueu uma sobrancelha.

— É assim que parece, a partir da sua posição atual, no cantinho da autopiedade. — Ela sorriu ao dizer isso, e Steve não conseguiu reprimir uma risadinha. — Você precisa virar o problema de cabeça para baixo — prosseguiu Cayla — para ficar por cima. Está na hora de parar de procurar desculpas e começar a liderar a si mesmo.

— Obrigado pela injeção de ânimo, mas eu não acredito em psicologia barata ou curas milagrosas — disse Steve, desalentado.

— Preciso que você ponha de lado a descrença, como fazia quando era criança e acreditava nos números de

24 | *Autoliderança e o Gerente-Minuto*

mágica aos quais assistia. Preciso que acredite na mágica da autoliderança — declarou Cayla.

Steve deu um meio sorriso e perguntou:

— Está certo, qual é a mágica?

— Na verdade, são três truques. Eu lhe direi quais são quando você estiver pronto.

— Como vou saber que estou pronto?

— Você estará pronto para a autoliderança quando assumir a responsabilidade pelo seu próprio sucesso.

— Quer dizer que tenho que parar de responsabilizar Rhonda, minha equipe de criação e o cliente e me perguntar o que fiz ou deixei de fazer para ser bem-sucedido?

— Exatamente — respondeu ela. — Você precisa parar de pensar no empoderamento como se fosse um palavrão e compreender que esse conceito representa uma enorme oportunidade. Precisa começar a tomar a iniciativa para conseguir o que necessita.

Steve fez uma longa pausa, enquanto pensava no desafio de Cayla. Finalmente, com a voz suave, ele disse:

— Acho que compreendo. Rhonda me empoderou para fazer um trabalho, e deixei de tomar a iniciativa e de assumir a responsabilidade para ser bem-sucedido nele. Desempenhei o papel de vítima. O problema de ser empoderado é que, quando as coisas dão errado, você não tem desculpa. Você só pode responsabilizar a si mesmo.

— Eis a verdade: o empoderamento só encerra poder se você for um autolíder. — Cayla esperou que o olhar de Steve cruzasse com o dela. — Lembre-se disso:

*

Empoderamento é algo que alguém lhe confere.

Autoliderança é o que você pratica para fazê-lo funcionar.

*

26 | *Autoliderança e o Gerente-Minuto*

— É óbvio que fui reprovado no teste da autoliderança. Mas não posso me dar o luxo de permitir que apareça no meu currículo que fui demitido... ainda que eu mereça isso. Minha carta de demissão já está quase terminada. Preciso fazer com que chegue às mãos de Rhonda antes que ela volte da viagem — declarou Steve.

— Pare com isso! — disse Cayla, levantando a mão. — Lá vem você de novo com a cena de autopiedade! O que aconteceu com a autoliderança?

— É exatamente o que estou fazendo — argumentou Steve. — Estou tomando a iniciativa e pedindo demissão!

Cayla meneou a cabeça e riu.

— Há momentos em que pedir demissão é oportuno, mas este não é um deles. Por que você está tão seguro de que não tem uma chance? Ninguém efetivamente o advertiu, certo?

— Certo, mas sei o que Rhonda vai pensar — declarou Steve em tom de desafio.

— Steve, a afirmação que se segue é verdadeira ou falsa? "As pessoas não conseguem ler pensamentos, portanto não é justo esperar que elas saibam o que você está pensando."

— Verdadeira, sendo você a possível exceção — respondeu Steve, sorrindo.

Cayla retribuiu o sorriso.

— Então, se é impossível que Rhonda possa ler seus pensamentos, como você tem tanta certeza do que ela está pensando?

Você acredita em mágica? | 27

— Bem, nisso você está certa — disse ele. — Não posso ter certeza.

— E esta afirmação? "É do meu interesse assumir a responsabilidade por conseguir tudo de que preciso para ser bem-sucedido no meu trabalho."

— Acho que a responsabilidade é minha — concordou Steve, hesitante —, mas não sei exatamente como devo agir.

— Siga-me — disse Cayla.

2

As pessoas não conseguem ler pensamentos

Steve acompanhou Cayla até os fundos da loja e a viu entrar em uma sala que tinha uma pequena placa com o nome dela na porta. Ele parou na entrada do escritório, atônito. Lá dentro, havia um emaranhado de prateleiras, caixas, barris, baús e armários abarrotados com uma parafernália mágica. Ele concluiu que era um lugar encantado, não pelos objetos que observou, mas pelo que sentiu ao entrar na sala.

Cayla se encaminhou para um antigo arquivo de carvalho com uma etiqueta na qual estava escrito "Mágica da autoliderança proativa". Ela abriu a gaveta de cima, deu uma olhada rápida nas pastas e pegou uma folha enquanto exclamava: "Abracadabra!"

Sem querer, Steve deu uma risada, contagiado pela alegria de Cayla por encontrar uma simples folha de papel.

— Seu dever de casa para esta tarde — disse ela, entregando-lhe a folha.

30 | *Autoliderança e o Gerente-Minuto*

Instruções: Classifique os seguintes motivadores do local de trabalho de acordo com a importância que eles têm para você. Coloque a classificação (de 1 a 10) ao lado do motivador, sendo 1 o mais importante e 10 o menos importante.

- Trabalho interessante
- Pleno reconhecimento do trabalho realizado
- Sensação de participar das atividades
- Estabilidade no emprego
- Bom salário
- Promoção e crescimento dentro da organização
- Boas condições de trabalho
- Lealdade pessoal aos funcionários
- Ajuda e compreensão dos problemas pessoais
- Críticas construtivas e respeitosas

— Depois de ter classificado os motivadores, você deverá pedir a pelo menos cinco colegas que façam o mesmo. Traga tudo de volta amanhã e diga-me o que aprendeu com isso.

— É algum truque? — perguntou Steve, cético.

— É o começo de um! — respondeu Cayla, entusiasmada. — O que você aprender com esta tarefa reforçará o conhecimento adquirido hoje e o colocará em contato com o primeiro truque da autoliderança.

— Tudo bem, vou participar, por enquanto, do que você está propondo. Mas isso não significa que eu não vá

As pessoas não conseguem ler pensamentos | 31

pedir demissão. Tenho tempo até o final do mês, quando Rhonda voltar, para tomar minha decisão. — Ao proferir essas palavras, Steve teve um pressentimento. Ele nunca saíra de um emprego em circunstâncias negativas. — Não me leve a mal, mas o que você ganha com isso?

Cayla sorriu.

— Você se lembra do Gerente-Minuto de quem lhe falei? Depois que ele me tirou da trapalhada em que eu tinha me embrenhado, perguntei a ele como poderia retribuir todo o seu discernimento e a ajuda dispensada a mim. Ele respondeu que eu poderia repassar o aprendizado para outras pessoas.

— Além disso — prosseguiu Cayla, com uma piscadela —, meu propósito na vida é ser mágica. Você está me dando a oportunidade de fazer mágica.

— Acho que *estou mesmo precisando* de um pouco de mágica — admitiu Steve. — Vejo você amanhã.

• • •

Steve voltou para a agência e entrou furtivamente na sua sala quando notou que um dos integrantes da sua equipe se aproximava. Sabia que teria de enfrentá-los na reunião agendada para o dia seguinte, mas ainda não estava pronto para falar sobre o assunto.

Usando sua multifuncional, escaneou a folha que Cayla entregara para ele e encaminhou a versão eletrônica por e-mail para cinco colegas de trabalho: Phyllis, a assistente de Rhonda; Grant, um jovem executivo de

32 | *Autoliderança e o Gerente-Minuto*

contas; Mike, seu amigo da sala de correspondência; Skye, sua técnica favorita; e Ricardo, o sócio principal no seu andar. O e-mail foi enviado com a seguinte mensagem:

> Preciso da sua ajuda para um estudo que estou realizando. Você poderia dedicar alguns momentos ao preenchimento desta pesquisa e deixá-la na minha mesa hoje quando for embora? É um "dever de casa" que tenho que entregar amanhã.
>
> Obrigado,
>
> Steve

Ele passou então alguns minutos preenchendo o seu próprio formulário.

Pouco antes do fim do expediente, Phyllis passou na sua sala.

— Terminei a pesquisa — disse ela. — É muito interessante. Vou querer saber o resultado quando você concluir o estudo.

Antes que Steve pudesse responder, Grant apareceu. Entregando sua pesquisa a Steve, ele disse:

— Não me leve a mal, mas não vejo como este estudo vai provar qualquer coisa. Quero dizer, é bastante óbvio que o que realmente motiva as pessoas é o trabalho interessante.

— Na verdade, o importante para mim é a estabilidade no emprego — declarou Phyllis.

As pessoas não conseguem ler pensamentos | 33

— De jeito nenhum! — exclamou Skye, que entreouvira a conversa enquanto entrava na sala de Steve. — O essencial são boas condições de trabalho!

Mike chegou momentos depois e argumentou que o que mais o motivava era ter seu trabalho reconhecido.

O grupo começou então travar um intenso debate a respeito dos motivadores mais importantes. Cada um deles tinha um fundamento lógico específico para sua classificação. Quando a confusão aumentou, Ricardo saiu da sua sala para saber o que se passava.

— O que está acontecendo? — perguntou.

— É sobre a pesquisa que enviei mais cedo para você — disse Steve, entregando uma cópia para ele.

O executivo, vestido ao estilo de Madison Avenue, deu uma rápida olhada na lista e disse:

— Ah, isso. É bastante óbvio que as pessoas são motivadas por bons salários. Todos vocês pediram aumento salarial anteriormente. Portanto, suponho que seja isso o que motiva vocês! — afirmou Ricardo.

Surpresos, os membros do grupo se calaram. Nenhum deles havia mencionado um bom salário nas suas três escolhas principais. Quando eles revelaram para Ricardo quais eram seus principais motivadores, o sócio ficou boquiaberto.

— Não consigo acreditar que trabalho há anos com esta equipe sem saber o que é realmente importante para vocês.

Então Steve disse:

— Esta é a finalidade do exercício! Cada um de nós é motivado por coisas diferentes. A criatividade de Grant

34 | *Autoliderança e o Gerente-Minuto*

exige um trabalho interessante. Phyllis dá valor à estabilidade, provavelmente porque tem filhos pequenos. Além disso, o que os motiva hoje poderá mudar amanhã.

Steve olhou para o auxiliar da sala de correspondência.

— Por exemplo, quando os filhos de Grant crescerem e ele estiver pensando em mandá-los para a faculdade, um bom salário poderá passar para o topo da sua lista de prioridades.

— Tudo bem — admitiu Grant —, talvez cada um de nós se sinta motivado por coisas diferentes. É essa a questão?

Steve pensou na sua conversa com Cayla. Ela dissera que essa pesquisa reforçaria o que ele aprendera antes com ela e conduziria ao primeiro truque da autoliderança. De repente, os pontos se ligaram na sua mente.

— A questão é que nossos chefes não conseguem ler pensamentos! — exclamou. — como podemos esperar que eles entendam o que motiva cada um de nós? Não é justo com eles... ou conosco.

Verdadeiramente eufórico por causa desse lampejo de discernimento, Steve olhou para cada um dos seus colegas e declarou:

*

"Em última análise, é do seu maior interesse assumir a responsabilidade por conseguir tudo aquilo de que precisa para ser bem-sucedido no local de trabalho."

*

3

Raciocínio de elefante

Na manhã seguinte, Steve estacionou bem em frente à livraria café de Cayla. Sininhos tocaram quando ele entrou — um sinal melodioso para alertar os atendentes de que alguém poderia estar precisando dos seus serviços. Quando pediu seu café *mocha*, escutou alguém assobiando do outro lado da sala. Era Cayla, que fez sinal para que Steve se aproximasse.

Ele pegou a caneca e foi ao encontro de Cayla, que desapareceu atrás de uma estante de livros, mas Steve seguiu o assobio e a encontrou remexendo uma escrivaninha no pequeno escritório.

— Então? — começou Cayla, sem levantar os olhos. — Como se saiu na tarefa? — perguntou, continuando a procurar nas gavetas.

— Fiz a pesquisa, e acho que ela enfatizou o que você disse ontem sobre as pessoas não serem capazes de ler pensamentos. Não sei que rumo ela vai tomar, mas aprendi algo importante.

— O quê? — perguntou Cayla enquanto pegava uma tesoura em meio a um emaranhado de elásticos e clipes.

38 | *Autoliderança e o Gerente-Minuto*

— Não foi exatamente com a pesquisa, mas com a discussão que ela gerou. Ficou óbvio que nenhum chefe é capaz de saber e proporcionar a motivação de que cada pessoa precisa. Cada um de nós tem uma motivação diferente, de modo que é tarefa nossa tomar a iniciativa de criar um ambiente de trabalho que funcione para nós — concluiu Steve, confiante.

— Parabéns — disse Cayla, sorrindo. — Você demonstrou que está pronto para assumir a responsabilidade da autoliderança. Está na hora de aprender o primeiro truque de um autolíder. — Cayla pegou a tesoura e conduziu Steve a uma mesa abrigada entre as estantes de livros. — Que outras ideias você teve a respeito da autoliderança?

— Não sei se isto vai fazer sentido, porque, em geral, preciso de algum tempo para processar minhas ideias — disse Steve.

— Continue — orientou Cayla, incentivando-o.

— Tem a ver com a maneira como penso a respeito do local de trabalho — convicções que tenho desde que comecei a trabalhar, até mesmo desde muito antes, quando era criança. Ainda ontem, eu achava que cabia ao meu chefe conhecer minhas necessidades e provê-las. Mas não é assim que as coisas funcionam. Eu me pergunto que outros conceitos equivocados eu posso ter.

— Você tem um cartão de visita? — perguntou Cayla.

— Claro — respondeu Steve, ao mesmo tempo que pegava um cartão na pasta e o entregava a ela. — Desculpe-me. Eu deveria ter dado um para você ontem.

— Não é para mim... é para você. Trata-se de um desafio. — Cayla segurou com as duas mãos o cartão de visita,

Raciocínio de elefante | 39

tamanho padrão, virando-o várias vezes como se estivesse se certificando de que não havia nada estranho nele.

Ela empurrou a tesoura na direção de Steve e, cerimoniosamente, colocou o cartão sobre a mesa.

— Pegue a tesoura e faça um furo no cartão que seja grande o suficiente para que sua cabeça passe através dele. A propósito, um furo é um espaço cercado por papel contínuo... sem aberturas, falhas ou pontos de junção.

Steve olhou para Cayla, achando que ela só poderia estar louca. Mas Cayla permaneceu sentada em silêncio, aguardando.

— Eu sei que você disse que me ensinaria um pouco de mágica, mas não tenho tempo para brincadeiras, Cayla. Meu emprego está em jogo.

— Sei que você acha que não tem tempo para isso — retorquiu Cayla. — Não consegue imaginar como poderia ser útil ou relevante. Além do mais, é apenas um truque, certo?

— Já que você mencionou, detesto jogos de salão; eles nunca foram o meu forte. Perdi mais dinheiro em bares do que você pode imaginar. Algumas pessoas levam jeito para esse tipo de atividade... eu não.

Cayla assentiu.

— Raciocínio de elefante.

— O que você disse?

— Você limitou a si mesmo com base nas suas experiências anteriores — respondeu ela. — Quando o treinador começa a adestrar um elefante, ele acorrenta a perna do animal a uma estaca no chão. O filhote tenta

40 | *Autoliderança e o Gerente-Minuto*

se soltar, puxa, faz força, mas não consegue escapar... a corrente é grande demais e a estaca está enterrada bem fundo. Em dado momento, ele desiste de tentar. À medida que cresce, simplesmente parte do princípio de que não consegue se soltar.

Cayla prosseguiu:

— Hoje, ele é um elefante de seis toneladas. Poderia espirrar e arrancar a corrente, mas isso nem passa pela cabeça dele. Os treinadores dizem que é possível amarrar um barbante na perna desse elefante de seis toneladas sem que ele tente se soltar.

— Então, você está dizendo que sou como esse elefante? — perguntou Steve, franzindo as sobrancelhas. — Que desisti de tentar porque fracassei no passado? — Ao ouvir as próprias palavras, ele se deu conta de que havia alguma verdade no que estava dizendo.

Cayla sorriu.

— Você acaba de ter contato com o primeiro truque de um autolíder.

Steve se reanimou.

— É mesmo?

— Sim. São esses pressupostos que o limitam todos os dias. Eles se chamam restrições autoimpostas.

— *Distinções predispostas?* — Steve perguntou, confuso com a expressão que desconhecia.

Ela riu da terminologia deturpada e, em seguida, esclareceu:

*

*"Uma **restrição autoimposta** é uma crença que limita sua experiência."*

*

42 | *Autoliderança e o Gerente-Minuto*

— Tudo bem, concordo que impus restrições a respeito desse truque da tesoura e do cartão, mas o que isso tem a ver com a minha situação profissional? — perguntou Steve.

— Você está presumindo que sabe o que Rhonda, sua equipe e o cliente sabem e sentem. Você está partindo do princípio de que não consegue ser bem-sucedido na sua função no trabalho. Você precisa parar de pensar dessa maneira.

— Isso é deprimente — declarou Steve.

— Poderia ser uma inspiração — contra-argumentou Cayla.

— É uma pena que eu não tenha seus poderes de observação. Caso contrário, eu saberia o que todos estão pensando e não imporia restrições a mim mesmo com tanta frequência.

— Conseguir ler as pessoas é uma dádiva... mas a maior dádiva é conhecer a *própria* mente.

Steve fez uma careta.

— É verdade. Mas é um desafio e tanto.

Cayla anuiu. Depois de uma pausa, declarou:

— Preciso ir, mas já que estamos falando de desafios, você está pronto para recortar um buraco no cartão que passe pela sua cabeça?

Steve pegou a tesoura e o cartão. Para sua surpresa, suas informações profissionais haviam desaparecido e, no seu lugar, estavam escritas as seguintes palavras:

Raciocínio de elefante | 43

O primeiro truque da autoliderança:
CONTESTE
RESTRIÇÕES
AUTOIMPOSTAS

Ele levantou os olhos para elogiar Cayla pela sua prestidigitação, mas ela não estava mais lá. Com um sorriso confuso, balançou a cabeça. Olhando para o relógio, percebeu que também precisava ir embora. Deveria estar no escritório em menos de uma hora para a temida reunião de pós-apresentação com a equipe.

Steve chegou à agência a tempo apenas de fazer alguns preparativos de última hora. Ele estivera procrastinando, sem saber ao certo como contar aos membros da equipe que seus esforços tinham sido inúteis e que o cliente rejeitara a proposta apresentada. Ele sabia que iriam se voltar para ele em busca de respostas, mas ele não tinha nenhuma para dar.

A equipe — o pessoal da criação, o assistente de produção e a analista de marketing — entrou na sala de reuniões para ouvir o que o United Bank achara da apresentação. Eles devem ter pressentido que as notícias não eram boas. Sem muita conversa, todos se sentaram e esperaram que Steve abrisse a reunião.

Steve começou em um tom positivo.

— O United Bank reconheceu e valorizou o grande esforço que dedicamos à campanha.

44 | *Autoliderança e o Gerente-Minuto*

Peter, o diretor de arte, interrompeu:

— Não precisa nos bajular, Steve. Eles não devem ter comprado a ideia, caso contrário você já teria falado alguma coisa. O que eles disseram?

Steve respirou fundo.

— Que a campanha era um lixo.

Até mesmo Peter ficou sem palavras.

Steve quebrou o silêncio.

— Acho que todos concordamos que este não foi nosso melhor trabalho. Não posso oferecer respostas neste momento, mas tenho um pedido de desculpas.

Ele percebeu que tinha a máxima atenção de todos.

— Minha apresentação foi boa, e o esforço de todos foi significativo. O que não funcionou foi a falta de uma verba e de uma estratégia global acertadas. Não podemos criar algo em um vácuo... e por isso, assumo a responsabilidade.

— Bem, eles não são as pessoas mais fáceis com quem trabalhar — ressaltou Maril, a analista de marketing.

Alexa, a parceira de Peter na dupla de criação, declarou:

— Eles são banqueiros! O que sabem sobre trabalho criativo? Provavelmente não seriam capazes de distinguir um bom trabalho de criação de um buraco no chão!

Steve ficou desconcertado com os comentários da equipe. O tempo todo, presumira ser o alvo do desdém daquelas pessoas quando, na verdade, o problema delas era com o cliente. A princípio, ficou aliviado, mas em seguida se deu conta de que a opinião dos membros da equipe se originava da energia negativa que ele demonstrara ter com relação ao cliente e que passara para eles.

Raciocínio de elefante | 45

Ele era responsável pela implicância deles com o cliente. Suas restrições autoimpostas haviam bloqueado toda a equipe. Como poderia abrir a mente deles?

Subitamente, teve uma ideia.

Revirou sua pasta e encontrou a tesoura de Cayla que ficara com ele. Em seguida, entregou um cartão de visita para cada integrante da equipe e disse:

— E se eu lhes pedisse para recortar um buraco suficientemente grande no meu cartão para passar pela minha cabeça?

Todos olharam fixamente para ele.

— Um buraco é um espaço cercado por papel contínuo — explicou Steve. — O papel precisa estar inteiro... nada de cortá-lo em dois e juntar as pontas em volta da minha cabeça.

Ele esperou alguns segundos para que todos assimilassem o que acabara de dizer e depois os desafiou:

— O que vocês estão pensando neste exato momento? O que se passa na cabeça de vocês com relação ao que acabo de pedir que façam? Jude, você trabalha na produção, o que está pensando? Maril? Alexa? Peter?

Peter foi o primeiro a falar:

— Minha primeira ideia é: "O que isso tem a ver com o assunto?"

Jude declarou convicta:

— Não creio que seja possível fazer isso.

Maril declarou:

— Provavelmente pode ser feito, caso contrário você

46 | *Autoliderança e o Gerente-Minuto*

não estaria pedindo que o fizéssemos, mas, certamente, não tenho tempo a perder agora para tentar descobrir.

Alexa se levantou de repente, pegou a tesoura e um cartão, e começou a recortar círculos concêntricos que foram caindo em espiral. Ela parecia confiante na sua solução até perceber que teria que cortar a espiral de papel para desemaranhá-la, o que contrariaria as regras. Sentindo-se derrotada, proferiu:

— Detesto esses quebra-cabeças. Nunca consigo desvendá-los.

Depois que todos reagiram, Peter pegou a tesoura e um cartão. Em silêncio, dobrou este último ao meio, no sentido do comprimento. Fez vários cortes estreitos a partir da dobra, deixando sem cortar um espaço ínfimo do lado oposto.

Em seguida, virou completamente o cartão, de maneira que as bordas abertas ficassem de frente para ele. No sentido oposto, fez mais cortes entre as outras incisões, uma vez mais parando a uma distância minúscula da extremidade oposta do cartão.

Finalmente, introduziu a tesoura na dobra e, com cuidado, cortou. O grupo observava, atônito, enquanto Peter desdobrava o cartão. Ele abriu as fendas ao máximo, revelando um frágil anel de papel. Cuidadosamente, passou o anel pela cabeça de Steve e em volta do pescoço dele.*

A equipe aplaudiu com entusiasmo.

---

* Para mais instruções sobre como realizar esse truque, consulte o Apêndice.

Raciocínio de elefante | 47

— Sou diretor de arte — explicou Peter — e fã de *origami*... a antiga arte japonesa de dobrar papel. Faço esse tipo de coisa desde menino.

Maril olhou para Steve.

— Foi tudo muito divertido, mas qual é a finalidade?

Steve se sentou, entrelaçou os dedos sobre a mesa e disse:

— Raciocínio de elefante.

— Tudo bem, eu me dou por vencido — disse Peter.

Steve contou para eles a história de Cayla sobre o elefante.

— Quando fomos desafiados a cortar o cartão, quatro de nós tivemos um raciocínio de elefante. "Não dá para fazer, não tenho tempo, não sou bom nesse tipo de coisa." Nossas restrições autoimpostas limitaram a nossa crença de que o truque poderia ser realizado, mas um de nós tinha uma resposta.

— "Restrição autoimposta" — disse Alexa, repetindo a expressão. — O que é isso?

— É uma convicção que limita nossa experiência — respondeu Steve. — Agora percebo que desisti do processo de criação porque presumi que você e Peter deveriam ter todas as respostas. Desisti de Rhonda porque presumi que ela desistira de mim. E desisti do United Bank porque presumi que eles eram malucos! — Pronto, ele falara a verdade.

Alexa deixou escapar uma risadinha.

— Não tenho certeza de que achar que o cliente é maluco possa ser considerada uma restrição autoimposta. Talvez eles sejam mesmo doidos.

48 | *Autoliderança e o Gerente-Minuto*

Steve sentiu certo mal-estar quando a equipe riu à custa do cliente. Quando os risinhos abafados arrefeceram, ele disse:

— Não estou certo de ter sido justo com o United Bank. Gostaria de sugerir que concedêssemos a eles o benefício da dúvida. Eles foram prejudicados porque eu não soube lidar com a situação. Se perdermos essa conta, toda a agência sofrerá as consequências.

Jude olhou para ele, preocupada.

— Você acha mesmo que vamos perder a conta? — perguntou.

— Não sei. Quando eu contar a Rhonda como eles reagiram à apresentação, aposto que vamos perder o cliente... ou a mim.

— Ouvi alguns boatos de que, ahn, Grant assumiria a conta — comentou Maril, hesitante. — Como você se sente em relação a isso?

Aturdido demais para responder, Steve ficou sentado durante um tempo que lhe pareceu uma eternidade. Ele desconhecia esses boatos e detestou a ideia de que as pessoas estivessem comentando sua possível substituição.

— Como você acha que me sinto? — finalmente respondeu, reunindo coragem.

— Sinceramente? Você tem estado tão desmotivado e frustrado que pensei que talvez fosse até sentir certo alívio com a notícia — retorquiu Maril.

Steve sentiu-se completamente exposto. Ele era transparente — não apenas para Cayla, mas para seus colegas também. Como ele se sentia? Ele tendia a ser mais voltado

Raciocínio de elefante | 49

para os pensamentos do que para os sentimentos. As palavras de Cayla ressoavam na sua cabeça:

A maior dádiva é conhecer a própria mente.

— Entendo por que vocês acham que eu ficaria aliviado — Steve ouviu as palavras saírem da sua boca —, mas não quero desistir. Pretendo enfrentar o desafio. Não sei bem por onde devo começar, mas penso que pedir desculpas a vocês enquanto tento encontrar uma maneira de impedir que o barco afunde seja um bom início.

— Steve — disse Peter — você sabe que não gosto muito de executivos de contas... a melhor maneira de acabar com uma ideia criativa é submetê-la a um de vocês.

Steve riu, embora soubesse que Peter estava apenas parcialmente brincando.

— Mas para que o processo criativo funcione — continuou Peter —, os artistas precisam de orientação e direção. E isso deve vir de você.

— Peter está certo — disse Alexa. — E tem de começar com o cliente. Você precisa conduzi-lo na direção certa... mesmo que ele se mostre difícil.

— Vocês têm razão, é claro — concordou Steve. — É por aí que vou começar. Vou resolver a questão da verba e, em seguida, trarei informações a respeito do que decidirmos.

Eles começaram então a traçar um plano, e os últimos 15 minutos da reunião transcorreram repletos de entusiasmo. Ao deixar a sala de reuniões, cada integrante da equipe desejou sorte a Steve.

50 | *Autoliderança e o Gerente-Minuto*

Vou precisar mesmo, pensou. O que poderia dizer ao cliente para reverter a situação? E como conduzir os membros da sua equipe? Ele desafiara suas restrições autoimpostas junto com eles, mas e agora? Seria capaz de proporcionar a orientação de que precisavam?

4

Ciclos de poder

Embora fosse sábado, Steve se levantou cedo. A pressão que sentia não o deixara dormir à noite. Ele sabia que precisava dar uma escapada, mesmo que apenas por algumas horas. Assim que amanheceu, foi até a garagem. Tirou a capa de uma imponente motocicleta, que era seu orgulho e sua alegria. Levou a Harley reluzente até a rua, colocou o capacete e passou a perna sobre o assento. Deu a partida no motor e se deleitou com seu som poderoso. Passaria o dia como um guerreiro sobre rodas.

Engatou a primeira marcha e partiu. Enquanto ouvia o ronco do motor na estrada, compreendeu que pilotar uma moto envolvia muitas coisas das quais ele gostava — o vento batendo no seu rosto era apenas uma pequena parte disso. Enquanto refletia sobre as alegrias de ser um motociclista, teve uma sensação de domínio sobre o que percebeu ser, na verdade, uma máquina bastante inepta. Afinal, a motocicleta nem mesmo conseguia ficar em pé sozinha. Steve adorava a sinergia com a moto — a fusão do homem com a máquina que conferia uma destreza

52 | *Autoliderança e o Gerente-Minuto*

e um poder a ambos que, separadamente, nenhum dos dois possuía.

A mágica do momento foi interrompida quando a moto começou a falhar e perder velocidade. Ele encostou o veículo para dar uma olhada. Mal acabara de descer quando ouviu outra moto parar ao seu lado. Existe um código não verbal entre motociclistas, por isso Steve sabia que certamente se tratava de outro piloto parando para ver se podia ajudar.

— Precisando de ajuda? — A voz soou familiar. Ele largou os fios que estava examinando, levantou os olhos e ficou perplexo.

— Cayla? — perguntou, pasmo.

Cayla assentiu, parecendo tão surpresa quanto ele.

— Puxa, que coincidência!

— De algum modo, não acho que seja — comentou Steve.

— Sabe, quando conheci você na livraria, tive a impressão de já tê-lo visto antes e agora acho que sei por quê. Você é do H.O.G.? — perguntou Cayla.

— Sou. Mas faz meses que não vou a uma reunião do Harley Owner Group — respondeu Steve.

— E aí, como foi a reunião com a equipe ontem?

Evasivo, Steve deu de ombros.

— Já posso imaginar — continuou Cayla —, mas corrija-me se eu estiver errada: ontem você assumiu a responsabilidade pelo ocorrido, desafiou as restrições autoimpostas e decidiu lutar pelo seu emprego e pelo cliente. O problema é que você não sabe por onde começar. Está se sentindo impotente.

Ciclos de poder | 53

— Lá vem você de novo, lendo meus pensamentos! — disse Steve, sem saber no que acreditar. — Mas você está certa. Por isso resolvi dar uma volta de moto.

Cayla olhou para a moto de Steve.

— O que aconteceu?

— O motor morreu — respondeu, enquanto testava a ignição, mas nada aconteceu. — Sei que o tanque está cheio, de modo que o problema deve ser com a bateria ou a vela de ignição. — Ele remexeu no alforje, em busca de um jogo sobressalente de velas.

— Deixe-me ajudar — disse Cayla, enquanto pegava um conjunto sobressalente que estava debaixo do assento da sua moto.

— Tem certeza de que não são velas mágicas? — perguntou Steve, em um tom meio sério, meio de brincadeira.

Cayla não deu atenção ao comentário.

— Pena que esse tipo de ajuda não seja mais comum no mundo real, não é mesmo?

Steve não sabia ao certo se Cayla estava se referindo ao mundo fora da realidade dos fãs do motociclismo ou ao mundo real fora daquele universo estranho criado todas as vezes que ele a encontrava.

Cayla prosseguiu.

— Há um revendedor aqui perto. Por que não me segue até lá para repor as velas que lhe emprestei?

— Eu não sabia que havia uma loja por aqui — disse Steve.

— É a Hal's Harleys... vou lá há muitos anos.

54 | *Autoliderança e o Gerente-Minuto*

— Hal's? — Steve reconheceu o nome. — A Hal's é lendária. Eu não sabia que ficava aqui perto. Parece uma boa ideia.

Eles deram partida em seus seus motores e Cayla saiu na frente. Logo depois, Steve estava novamente absorto no puro prazer de dirigir, perguntando a si mesmo por que isso o fazia vibrar tanto. Estava tão imerso nos próprios pensamentos que quase perdeu o sinal de Cayla quando ela pegou uma saída à esquerda. Poucos metros à frente, viraram novamente à esquerda, onde estava a concessionária da Harley-Davidson. Antes que Steve pudesse descer da moto, Cayla já estava diante dele, sem o capacete e os óculos.

— Poder. — Cayla pronunciou a palavra em um tom de voz ressonante que evocava seu significado.

Steve ficou confuso.

— Não entendi.

— Poder — repetiu Cayla. É por isso que você adora andar de motocicleta.

Steve começou a perder o controle emocional.

— Como você sabia que eu estava pensando sobre...

— Sou uma observadora perspicaz, lembra? Já vi esse olhar antes... já *tive* esse olhar antes: quando ficamos fascinados pelo prazer de andar de moto e não sabemos bem por quê. Mas eu sei. Esse prazer corresponde ao poder, ao controle absoluto e à independência que estar sobre uma moto oferece.

— Não tenho certeza de que concordo em que o processo consiste em poder e controle — retrucou Steve. — Andar de moto é divertido... pura e simplesmente.

Ciclos de poder | 55

— Quando você começou a andar de moto? — perguntou Cayla.

Steve gostava de relembrar a história do seu caso de amor com as motos. Falou então sobre a época em que andava na garupa da moto do pai, mal conseguindo esperar ter idade suficiente para poder pilotar uma. Aos 13 anos, convencera o pai a lhe comprar uma pequena *scooter*. Aos 16, fez sua primeira viagem na estrada, de Denver até a fronteira com o estado de Nebraska, com o irmão mais novo.

— Eu adorava a sensação de independência e de estar livre de todas as regras e regulamentos com os quais tinha de conviver na escola — disse ele. — Mas não era um ato de poder.

— Talvez você devesse reconsiderar a maneira como define o poder — sugeriu Cayla, delicadamente.

Palavras começaram a passar pela cabeça de Steve: *abuso, corrupção, coerção, controle, autoridade, manipulação, dinheiro, dominação*.

Cayla o examinou atentamente.

— Interessante — disse ela. — Imagino que a maioria das palavras que estão passando pela sua cabeça sejam negativas, porque você viu muitas vezes o poder ser deturpado.

Steve abriu a boca para fazer um comentário, mas Cayla emendou outra pergunta.

— Você já conheceu alguém em uma posição de poder por quem não sentia nenhum respeito?

Que pergunta tola, pensou Steve, *claro que já*. Além de alguns executivos no trabalho, ele também podia enumerar alguns políticos — e Roger, do United Bank.

56 | *Autoliderança e o Gerente-Minuto*

Cayla assentiu, como se concordasse com os pensamentos não externados de Steve.

— Lorde Acton escreveu o seguinte: "O poder tende a corromper e o poder absoluto corrompe completamente." Steve, pense em todos os estereótipos negativos que temos hoje a respeito do poder; é surpreendente que alguém ainda queira ser poderoso.

— Acho que você está certa — admitiu Steve. — Mas não sei exatamente aonde você quer chegar com esta conversa.

— Penso que você está tentando evitar o poder e estou tentando ajudá-lo a abraçá-lo. De certa maneira, você já está fazendo isso.

— Eu, abraçar o poder? Quando, por exemplo?

— Quando você anda de moto. O que você gosta é da sensação de poder... o poder de estar em harmonia com a moto; o poder que lhe confere um sentimento de controle. Quando você anda de moto, se sente livre. Compare esse sentimento com a maneira como se sente em relação ao seu trabalho neste momento.

Steve resmungou qualquer coisa. Estava tentando *não* pensar no trabalho por algumas horas. E certamente não estava a fim de comparar andar de moto com trabalho.

— Você se sente poderoso no trabalho? — indagou Cayla, em um tom desafiador.

Ser o executivo de contas encarregado do United Bank deveria ter feito com que se sentisse empoderado e livre para realizar um excelente trabalho. Em vez disso, sentia-se tolhido, sufocado pelas expectativas dos outros a seu respeito, oprimido pela sua falta de experiência com o pessoal da criação, perdido diante de um cliente difícil e ameaçado por pessoas como Rhonda, que ocupavam cargos que lhes permitiam decidir sua sorte. Nesse momento, ele certamente não tinha a sensação de estar em harmonia com seu trabalho.

— Na verdade, eu me sinto impotente — confessou.

— Por que você acha que se sente assim? — perguntou Cayla.

— Porque não estou em posição de obrigar as pessoas a fazer o que quero que elas façam — respondeu Steve, enfático.

— Isso não é interessante? — Cayla prendeu o capacete na traseira da moto e disse:

*

Deixar de perceber seu próprio poder talvez seja sua maior restrição autoimposta.

*

Ciclos de poder | 59

Ao entrar com ele na loja, Cayla disse:

— Quero apresentá-lo a algumas pessoas e acho que você vai gostar delas. Todas descobriram que existem várias maneiras de influenciar os outros e atingir seus objetivos. Vamos começar por Woody, um dos melhores gerentes de peças do país. Sabe de cor a maioria dos números das peças. É espantoso. Preste atenção.

Eles se dirigiram ao balcão de peças e Cayla foi calorosamente recebida por um rapaz muito educado.

— Oi, Cayla! Em que posso ajudá-la? Tudo bem com você? — perguntou, enquanto estendia a mão e sorria calorosamente para ela.

Cayla apertou a mão do rapaz com firmeza.

— Sim! Ou pelo menos *estará* se você der a meu amigo aqui um jogo de velas de ignição. E dá para pedir a um dos seus rapazes que verifique o sistema elétrico da moto dele? A fera morreu a poucos quilômetros daqui e tive de socorrê-lo. — Cayla cutucou de leve o braço de Steve, dando a entender que estava apenas brincando.

O rapaz acenou com a cabeça para Steve.

— A moto não morreu, certo? Só está descansando. — Ele sorriu para Cayla, juntou as mãos em torno da boca como um megafone e gritou: — Joey, traga um jogo de 32310-78As.

Steve ficou estupefato. O rapaz nem mesmo consultara o número da peça.

Cayla deu um sorriso travesso e se voltou para o balcão.

60 | *Autoliderança e o Gerente-Minuto*

— A propósito, Woody, quero lhe apresentar Steve. Steve, este é Woody, gerente de peças extraordinário.

Woody pegou um formulário de pedido.

— Fico feliz em poder ajudá-lo com as peças, mas antes permita que eu lhe apresente meu número de canto e dança tradicionais. — Dizendo isso, Woody ficou em posição de sentido, pigarreou e, com uma voz profunda de barítono, recitou:

"Trabalho atrás do balcão
De uma loja de motos legais,
Às vezes me chamam de gênio,
Outras, de muito mais.
Algumas perguntas são importantes;
Outras, oh, Deus, não são o meu forte
Esperam que eu seja um Edison
Combinado com Henry Ford.
Afirmo que não sou mecânico
Mas se o serviço falhar
Eis que o mecânico me pergunta
O que faz a máquina funcionar.
Mas a vida seria mais fácil
E eu sorriria pleno e soberano
Se o cliente me informasse ao menos
O modelo, a marca e o ano."

Steve riu e informou a Woody o modelo, a marca e o ano.

Enquanto preenchia o formulário, Woody ia dizendo ao encarregado das peças, que estava atrás dele:

— Também vou precisar de um 35591-80 e um jogo de 31986-65Cs. Obrigado, Joey.

Steve estava impressionado.

— Você tem uma habilidade fantástica. Como conseguiu decorar todos os números das peças?

— Ah, essa loucura toda tem um método. Basta compreender os princípios básicos por trás do sistema de numeração; não é tão difícil assim.

Woody apontou para Cayla.

— Na verdade, foi ela que me ajudou a perceber que conhecer o sistema e os números das peças é um importante **ponto de poder**. Isso realmente me ajudou a ganhar credibilidade neste setor. Minha carreira tem sido maravilhosa e eu nem tenho tatuagens!

Cayla lançou um olhar de esguelha para Woody e ele riu.

— Tudo bem, tenho uma tatuagem pequena. Ela não deixa passar nada!

— O que você quer dizer com "ponto de poder"? — perguntou Steve.

— Muitas pessoas pensam que só existe um tipo de poder, o poder de cargo, e que se não o tiverem, acabam como um joguete nas mãos daqueles que o têm — explicou Woody.

— Já ouvi isso antes — disse Steve, piscando para Cayla. — Esse tipo de raciocínio é bastante limitado, não é mesmo?

— Sem dúvida! A melhor maneira de explicar isso é demonstrando como ativamos os pontos de poder por aqui — respondeu Woody. — Venha. — Ele fez sinal para que eles o acompanhassem e os conduziu até a área de manutenção.

Steve ficou fascinado com a algazarra: mecânicos contando piadas, reclamando e fazendo bagunça; motos sendo levadas, rebocadas e levantadas; motores roncando ao ser testados; clientes indagando, preocupados e nervosos quanto ao prognóstico sobre suas máquinas.

Woody explicou:

— Quando os clientes entram com as motos, não é como se as estivessem trazendo a uma oficina de manutenção. É mais como se estivessem trazendo um filho ao pronto-socorro. Nossos *wrenches* — mecânicos, como os chamam os leigos — obviamente têm o **poder de conhecimento**. São especialistas em consertar Harleys. Mas também têm **poder pessoal**, ou seja, a capacidade de tranquilizar as pessoas e fazer com que se sintam à vontade com o trabalho necessário e os custos envolvidos. Cayla ajudou todos a compreenderem que o poder pessoal aprimora o poder de conhecimento. Essa combinação nos tornou incrivelmente bem-sucedidos.

Com esse comentário, um dos mecânicos, suado e sujo de graxa, falou em voz alta da sua bancada:

— Antes de Cayla começar a trabalhar conosco, ninguém achava que mecânicos tivessem muita personalidade, e menos ainda poder pessoal! Mas olhe só para nós — disse o mecânico, sorrindo. — Até que somos charmosos.

Todos riram. Steve sentiu admiração pela camaradagem entre eles.

Ciclos de poder | 63

— Venha — disse Cayla — vamos conhecer Jim, o chefe de vendas. Ele tem algumas ideias interessantes a respeito do **poder de relacionamento.**

Encontraram Jim no showroom. Assim que os avistou, Jim se aproximou e abraçou Cayla.

— Fazendo sua inspeção particular, hein? Quero lhe mostrar algo! — Jim pegou um pedaço de papel amassado do bolso da camisa e, orgulhosamente, apontou para uma lista de números. — Dê só uma olhada nestes resultados do nosso último relatório de vendas e manutenção.

Cayla pegou o relatório e o segurou de maneira que Steve também pudesse lê-lo.

— Houve um progresso incrível com relação à última vez que estive aqui — comentou Cayla. — O que mudou?

— Trabalhei em vendas durante a vida inteira, de modo que sabia que os relacionamentos eram fundamentais. No entanto, não sei exatamente como, acabei me envolvendo com informação de produto... quero dizer, isso é fácil de fazer quando você ama o produto que está vendendo. Finalmente percebi que sou bom em vendas por causa do meu poder pessoal — das minhas habilidades interpessoais. As pessoas são minha paixão e formei uma rede incrível. Quando comecei a focar esses relacionamentos, minhas vendas e a satisfação dos clientes aumentaram. Sem dúvida, vendemos e fazemos manutenção de Harley-Davidsons, mas estamos, na verdade, no negócio de pessoas.

— O que exatamente você quer dizer com "focar os relacionamentos"? — perguntou Steve.

— Passei a perceber que eu tinha o poder de relacionamento por meio dos meus excelentes contatos: clientes

64 | *Autoliderança e o Gerente-Minuto*

que já estavam satisfeitos comigo e com a concessionária. Comecei a cultivar esses relacionamentos e pedir indicações. Um contato levou a outro. Meu problema agora é que tenho todos esses excelentes relacionamentos e pessoas interessadas em comprar, mas não tenho mais motocicletas! Já vendemos toda nossa cota anual!

— É ótimo ter um problema desse tipo — comentou Steve. — Gostaria de lhe fazer outras perguntas sobre o poder de relacionamento. É fácil ver como ele funciona em vendas, mas como funciona em outras áreas da loja?

Jim apontou discretamente para uma jovem na seção de mercadorias do showroom.

— Está vendo aquela moça perto das jaquetas de couro? É Lisa, nossa compradora de roupas e acessórios. Ela é filha do dono da concessionária. Isso é poder de relacionamento.

Steve franziu as sobrancelhas.

— Acho que a maioria das pessoas não considera nepotismo um uso positivo do poder.

— Ah — disse Jim, pensativo. — É aí que a maioria se engana. Não reconhecemos nosso poder porque temos medo do que os outros possam pensar. Mas ter poder significa que você tem a escolha de usá-lo — ou não. Certamente não significa que você deva abusar dele.

— Quando começamos a discutir a questão do poder aqui na loja, Cayla pediu que cada um escrevesse o que pensávamos ser nossos pontos de poder. Lisa não colocou "Papai" na sua lista. Todos achávamos que ela deveria colocar. Ela protestou. Disse que queria vencer pelos próprios méritos, não apenas porque era a filha do dono. Ela se mostrou muito sensível em relação a esse fato.

Ciclos de poder | 65

— Sabe o que eu disse a ela? — "Boba! Se meu pai fosse o dono da loja, eu me aproveitaria disso. Você pode falar com ele e obter informações que os demais não podem. Se você usar seu poder de relacionamento para fazer um trabalho melhor e ajudar a loja, isso significará usá-lo de uma maneira positiva, e todos nos sentiremos gratos por isso, não enciumados ou ressentidos."

— Lisa conseguiu o emprego porque seu pai é o dono do negócio — acrescentou Cayla —, mas o conserva devido ao seu conhecimento e poder pessoal.

Steve assentiu com a cabeça, mas teria que pensar no assunto.

— Você não precisa concordar com tudo, Steve, mas leve isso em conta — instou Cayla.

Woody pegou o braço de Steve e o conduziu pelo corredor.

— Por falar em contas, quero apresentá-lo a Dee Dee, nossa contadora.

Ao se aproximarem da mesa dela, Steve disse:

— Muito prazer, Dee Dee. De que maneira você é poderosa?

Dee Dee não percebeu ou optou por desconsiderar a leve ironia na voz de Steve.

— Tenho **poder de tarefa** — declarou, confiante. — Eu costumava achar que eu era a pessoa mais insignificante no sistema hierárquico daqui. Quero dizer, meu trabalho é o único que não tem uma relação direta com motocicletas. Mas eu estava errada a respeito disso.

Jim interrompeu.

66 | *Autoliderança e o Gerente-Minuto*

— Na verdade, é Dee Dee quem manda por aqui. É ela que cuida da folha de pagamento, faz as deduções de impostos, paga as despesas, faz o faturamento e administra nossas contas bancárias. É difícil acreditar que ela achava que não tinha nenhum poder!

— Sempre pensei no poder como algo que está nas mãos de pessoas como o dono da loja — pessoas que têm o **poder de cargo** — declarou Dee Dee.

— Eu também — disse Steve — mas agora compreendo que existem muitas formas de poder.

— Reconhecer o poder que temos nos confere um senso de controle sobre nosso trabalho e nossas escolhas — continuou Dee Dee. — Gosto muito mais do meu trabalho agora, embora eu não tenha o poder de cargo.

— Você está querendo dizer que o poder de cargo é desnecessário?

— Espero que não!

Ao som daquela voz, todos se viraram. Atrás deles estava um homem robusto, com um longo rabo de cavalo grisalho. O homem estendeu a mão para Steve.

— Prazer em conhecê-lo. Eu me chamo Hal, sou proprietário da loja, e estou aqui para lhe dizer que o poder de cargo é algo bom de se ter. Mas aprendi uma grande lição: a melhor situação de liderança é quando você tem o poder de cargo e nunca precisa usá-lo! É como dinheiro no banco: mesmo que você jamais precise dele, é bom saber que está lá. Além disso, é melhor ter pessoas que trabalham com você... e não para você.

Hal apontou para uma placa sobre o balcão.

— Este é nosso lema de liderança.

Ciclos de poder | 67

> **SÓ HÁ PODER NO EMPODERAMENTO
> SE VOCÊ FOR UM AUTOLÍDER.**

— Esse lema deve funcionar — disse Steve. — A Hal's Harley é lendária e agora sei por quê: você tem todo tipo de autoliderança por aqui.

— Isso sem dúvida é verdade — afirmou Cayla —, e uma das maneiras pelas quais as pessoas se tornaram autolíderes eficazes é que compreenderam os cinco tipos de poder. — Ao dizer isso, ela apontou para um pôster na parede:

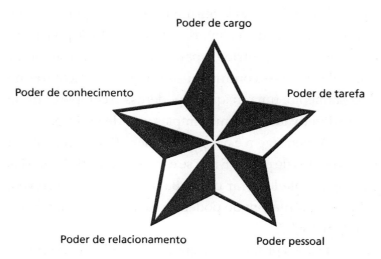

PONTOS DE PODER

68 | Autoliderança e o Gerente-Minuto

— Como você pode ver — prosseguiu Cayla —, o primeiro ponto de poder é o **poder de conhecimento,** que Woody tem; o segundo é o **poder pessoal,** que a equipe da manutenção tem; o terceiro é o **poder de relacionamento,** que Jim e Lisa têm; o quarto é o **poder de tarefa,** que Dee Dee tem; e o quinto é o **poder de cargo,** que Hal tem.

Steve arqueou a sobrancelha.

— Acho que agora eu entendo — disse ele. — Precisamos conhecer a natureza das nossas forças — do nosso poder — antes de liderar a nós mesmos.

— Exatamente! — exclamou Cayla. — Como você pode se autoliderar se não consegue perceber que *tem* fontes de poder? Cada pessoa tem diferentes tipos de poder pessoal e profissional. — Cayla fez uma pausa para permitir que ele assimilasse suas palavras. — Cada ponto de poder tem o potencial de contribuir para seu sucesso ou se tornar seu elo fraco — continuou. — Quando o encontrei no acostamento, uma máquina poderosa e complexa tinha sido desativada por uma simples vela de ignição.

— A mensagem é a seguinte: identifique e reconheça seus pontos de poder. E não se esqueça de cultivá-los. Mas é importante lembrar o que Baltasar Gracián escreveu: "A única vantagem do poder é a capacidade de fazer um bem maior."

— Esta é a primeira vez que ouvi o poder ser discutido como uma ferramenta para fazer o bem — admitiu Steve.

Cayla assentiu.

Ciclos de poder | 69

— Como podemos fazer um bem maior para nós mesmos, nossa família, nossa equipe, nossa organização ou nossa comunidade se não tivermos poder?

— Entendo o que você quer dizer.

Quando se encaminhavam para a saída, Steve se deu conta de que já fora a dezenas de lojas de motocicletas, mas nunca sentira tanto prazer em estar em uma quanto naquele dia. Não eram apenas as peças, o barulho, a atividade e os odores que lhe agradavam. Na verdade, era das pessoas que realmente gostava. Eram entusiastas, gente que amava o que fazia no dia a dia. Eram pessoas conscientes dos pontos de poder especiais que possuíam.

Ao passar pelo balcão de peças, Steve se despediu de Woody com um aceno.

— Não se esqueça de levar as peças! — exclamou Woody, apontando para um saco de papel pardo no balcão.

— Ah, sim, obrigado. E, por falar em agradecimento, onde está Cayla? — perguntou Steve olhando em volta do showroom.

Woody passou os olhos pelo local e deu de ombros.

— Não sei — respondeu, enquanto colocava a nota fiscal no pacote de Steve. — Foi um prazer conhecê-lo! Dirija com cuidado!

Ao sair da loja, Steve não viu a moto de Cayla. Enfiou a mão no saco para pegar as peças e tirou o que pensou ser a nota. Mas, em vez disso, deparou com um pedaço de papel com uma mensagem impressa:

70 | *Autoliderança e o Gerente-Minuto*

O segundo truque da autoliderança:
ATIVE SEUS PONTOS DE PODER!

Steve balançou a cabeça, admirado. Os truques de Cayla não tinham fim?

Ele ligou a moto e engatou a primeira marcha. Embalado pelo ronco do motor, podia ouvir a voz de Cayla na sua cabeça:

Deixar de perceber seu próprio poder talvez seja sua maior restrição autoimposta.

Ele pensaria nisso mais tarde, quando descobrisse o que fazer com relação ao seu emprego. Agora, não queria pensar — só queria andar de moto. Não, ele *precisava* andar de moto. Ela o fazia se sentir poderoso.

5

Faça seu próprio diagnóstico

Logo cedo, na ensolarada manhã de segunda-feira, Steve foi à livraria café de Cayla, determinado a salvar o próprio emprego e a manter o cliente. Se Cayla não pudesse ajudá-lo, talvez a cafeína o fizesse. Ele tinha passado o domingo debruçado sobre arquivos, anotações e propostas, procurando a falha que fizera o cliente rejeitar o plano. Nesse processo, percebeu que o único ponto de poder que tinha com o United Bank era o poder de tarefa. Para recuperar a confiança do cliente, precisaria do poder de conhecimento — e, para isso, necessitaria de ajuda.

Steve entrou na livraria café procurando por Cayla. Dirigiu-se ao balcão e, quando ia perguntar ao barista se Cayla estava, escutou o assobio. Ele se virou e, de fato, ela estava sentada à mesa "deles", como se o estivesse esperando. Steve sorriu e foi ao encontro dela.

— Você sumiu no sábado, onde esteve? — perguntou Steve. — Eu ainda queria fazer algumas perguntas.

72 | *Autoliderança e o Gerente-Minuto*

— Achei que você precisava ficar sozinho para processar tudo o que aprendeu no Hal's — explicou Cayla.

— Como está sua cabeça hoje?

— Analisei tudo nos mínimos detalhes. Simplesmente não consigo descobrir o que está errado com o orçamento e a estratégia que já apresentei — respondeu Steve, soltando um suspiro.

— Você já trabalhou antes com um cliente na criação de uma campanha publicitária de grande alcance? — perguntou Cayla.

— Não, mas já preparei dezenas de orçamentos nos últimos anos, e a estratégia depende do orçamento.

Cayla pegou dois elásticos e os entrelaçou.

— Vou usar um truque mágico como uma metáfora para sua situação. Você aceita cooperar?

Steve deu de ombros.

— Tudo bem. É aquele truque legal que você mostrou às crianças no dia em que nos conhecemos?

Cayla fez que sim com a cabeça.

— Um velho místico indiano me ensinou a arte do domínio da mente sobre a matéria — começou ela. Cayla, a mentora, se transformou em Cayla, a ilusionista, diante dos olhos de Steve. Enquanto ela separava os elásticos emaranhados, parecia que estava passando matéria através de matéria.

Como já vira o truque antes, Steve tentou detectar a ilusão. Mas a apresentação de Cayla era impecável. Ele ficou tão encantado quanto as crianças — não porque fosse mágica, mas porque admirava a habilidade envolvida.

Faça seu próprio diagnóstico | 73

— Incrível! — exclamou.

— Obrigada — disse Cayla. Sua meta, Steve, é surpreender alguém com este truque mágico até esta mesma hora na próxima semana.

Steve riu. Iria se divertir mostrando o truque a Blair, sua namorada. Ele ainda não havia contado a ela o que estava acontecendo no trabalho. Sabia que Blair sentia que alguma coisa estava errada, mas, ao longo dos anos, ela aprendera a lhe dar espaço até que ele estivesse pronto para falar. Seria divertido esclarecer as coisas para ela.

— Tudo bem, por onde começo?

— Fazendo a si mesmo duas perguntas a respeito da meta de realizar o truque mágico. Primeiro, qual é seu nível de competência? Segundo, qual seu nível de comprometimento? Vamos começar pela primeira pergunta: a competência.

— Decididamente sou competente! — declarou Steve, com segurança. — Eu a observei com muito cuidado e vi exatamente o que você fez, de modo que estou bastante seguro de que sou capaz de fazê-lo.

— Muito bem, vamos verificar sua competência — disse Cayla, entregando os elásticos para ele.

Steve pegou os dois elásticos e entrelaçou-os da maneira como se lembrava de Cayla ter feito. Ele os dobrou e os esticou, tentando separá-los. Os elásticos escaparam dos seus dedos e voaram longe. Constrangido, levantou-se para pegá-los, mas Cayla ergueu o braço e o interrompeu.

74 | *Autoliderança e o Gerente-Minuto*

— Imaginei que isso poderia acontecer — disse ela com um sorriso, enquanto retirava uma caixa grande de elásticos da sua maleta.

— O que fiz de errado?

— Você agiu como se fosse competente quando, na verdade, não é.

— Isso é cruel — comentou Steve, em tom de censura.

— De jeito nenhum, é simplesmente a verdade, e você não precisa se envergonhar disso. Competência significa que você tem o conhecimento e a habilidade para alcançar a meta ou executar a tarefa em questão. Sem nunca ter feito o truque antes, você não poderia reunir o conhecimento ou a habilidade. Você está no estágio do aprendizado. O que há de errado nisso? Você não pode esperar ser competente em um truque que nunca realizou antes e nem tem ideia de como executar.

— Suponho que você esteja certa. Mostre-me então como é.

Cayla pegou dois elásticos e colocou-os estrategicamente sobre o polegar e o indicador de cada mão. Executou então o truque lenta e cuidadosamente.

Steve balançou a cabeça, admirado.

— Acho que agora entendi, mas suponho que tenha que praticar antes de me tornar efetivamente competente. A propósito, você disse que eu deveria me fazer duas perguntas a respeito da meta. A primeira dizia respeito ao meu nível de competência, mas me esqueci da segunda. Qual era mesmo?

— A segunda pergunta é a seguinte: qual seu nível de comprometimento? O comprometimento é medido pela motivação e pela confiança com relação à meta — explicou Cayla.

— Quando começamos, eu estava motivado e confiante. Agora já não estou tão seguro! Eu achava que o truque seria mais fácil do que está se revelando.

— É exatamente isso que acontece à medida que você vai se deslocando ao longo do *Continuum* de Desenvolvimento! — disse Cayla, entusiasmada.

— Ao longo do quê? Você está me levando por uma coisa mágica chamada *continuum* espaço-temporal? — brincou Steve.

— O *Continuum* de Desenvolvimento é simplesmente um modelo de quatro estágios pelos quais as pessoas costumam passar quando estão aprendendo a dominar alguma coisa. — Cayla pegou um cartão brilhante na sua maleta mágica e o entregou a Steve.

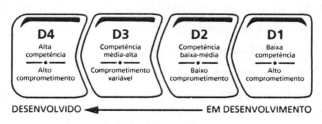

Níveis de desenvolvimento

— No que diz respeito ao truque do elástico, observe esses quatro estágios e me diga em qual deles você acha que começou e em qual está agora. — Os olhos de Cayla

76 | *Autoliderança e o Gerente-Minuto*

brilhavam, como se ela estivesse prestes a revelar um grande segredo.

Steve estudou o gráfico e apontou para o quadrado da direita.

— Acho que comecei aqui, em D1, com baixa competência, porém alto comprometimento. Agora sinto que estou em D2... baixa competência com baixo comprometimento.

— Isso é normal — disse ela. — Quando você começa a aprender algo ou define uma meta, sente esse entusiasmo ingênuo que ofusca a falta de competência. Assim que se envolve com a meta e percebe que não tem competência, suas expectativas desmoronam.

— Choque de realidade — disse Steve, concordando com a cabeça.

— Exatamente! Cayla parecia satisfeita com o fato de Steve estar entendendo o que estava acontecendo. — D2, forma abreviada de nível de desenvolvimento 2, é um estágio natural de desenvolvimento. É nele que você compreende que existe uma discrepância entre as expectativas que tinha no começo — nível de desenvolvimento 1 ou D1 — e a realidade da situação atual.

— Então, todo mundo passa por esse choque de realidade sempre que está aprendendo a fazer alguma coisa? — perguntou Steve.

— O *Continuum* de Desenvolvimento capta o que as pessoas tipicamente vivenciam, para que possam estar mais bem preparadas para lidar com o que provavel-

Faça seu próprio diagnóstico | 77

mente irá acontecer. Ele o ajuda a reconhecer como sua competência e comprometimento mudam à medida que você aprende algo novo ou persegue uma meta. Pesquisas importantes validam esses estágios de desenvolvimento, mas se você simplesmente pensar sobre as metas que atingiu — e sobre aquelas que não atingiu — compreenderá que sua experiência é prova suficiente disso — respondeu Cayla.

Steve pegou mais dois elásticos enquanto refletia sobre as palavras dela. Ele os entrelaçou, certificando--se de que tinham sido colocados sobre seus dedos do jeito que vira a mentora fazer. Ele os esticou e torceu para se exibir, e tentou fazer a prestidigitação que os separaria como se por um passe de mágica. De novo, um dos elásticos saiu voando — quase se chocando contra a testa de Cayla.

Steve teria rido se não tivesse ficado tão mortificado por quase ter arrancado o olho de sua interlocutora.

— OK. Pare agora mesmo. — Cayla ergueu as duas mãos. — Como você se sente a respeito do truque neste momento?

— Frustrado, desanimado, desapontado — respondeu Steve.

— É por isso que o segundo nível de desenvolvimento, D2, é chamado de estágio do aprendiz desiludido.

— Como se chamam os demais estágios? — perguntou Steve.

— O primeiro nível de desenvolvimento, D1, se chama **estágio do principiante entusiasmado**. Foi onde você começou. Se concluir o segundo nível, D2, ou estágio do **aprendiz desiludido**, no qual está agora, você passa para o D3, que é conhecido como o estágio do **realizador capaz, mas cauteloso**. Finalmente, quando tiver dominado a habilidade, você chega ao D4, ou estágio do **realizador autoconfiante**.

— Tenho uma dúvida, Cayla. Você disse que se eu concluir o segundo estágio, o do aprendiz desiludido, passo para o terceiro estágio, o do realizador capaz, mas cauteloso. O que acontece se eu não conseguir?

— Diga-me você — respondeu Cayla.

Steve refletiu por um instante.

— É quando desisto e jogo a toalha, certo?

— Certo — confirmou Cayla. — Então, este é seu dilema a respeito do truque mágico, não é mesmo? Você consegue perceber que terá que praticar para dominá-lo e não tem certeza se isso vale a pena. Estou certa?

— Como sempre.

— Então jogue a toalha.

— Talvez eu faça isso mesmo. — Steve soou como se fosse um garotinho desafiando a mãe.

— A escolha entre desistir ou continuar é sempre nossa — lembrou Cayla. — Mas às vezes entregamos os pontos sem ter feito uma escolha consciente, o que, quase sempre, tem gosto de fracasso.

— Você está querendo dizer que se eu optar por desistir, isso não representará um fracasso?

— Se você estiver no estágio do aprendiz desiludido e carecer da competência e do comprometimento ne-

Faça seu próprio diagnóstico | 79

cessários, você não será um fracasso se *conscientemente* decidir que não vale a pena investir tempo e esforço nesse sentido — disse ela. — Você é um autolíder que está assumindo a responsabilidade de uma maneira proativa.

— E se eu não quiser desistir? — perguntou Steve.

— Responderei a essa pergunta da próxima vez. Sua lição de hoje acaba aqui — declarou Cayla com firmeza.

Steve não conseguiu esconder sua decepção.

— Minha lição? Qual é minha lição? Aprendi que estou no segundo estágio, o do aprendiz desiludido, no que diz respeito ao truque de mágica e estou prestes a pedir demissão do meu emprego... e essa é a minha lição?

— Sua lição é refletir sobre o que será necessário para que você chegue ao próximo nível de desenvolvimento — anunciou Cayla enquanto se encaminhava para seu escritório.

Steve a seguiu, com uma sensação de *déjà vu* diante da cena, agora familiar, de Cayla remexendo nos arquivos e gavetas procurando o que queria.

— Aqui está — disse ela, entregando uma folha de papel amassada a Steve.

80 | *Autoliderança e o Gerente-Minuto*

Quando estou em D1, o nível de desenvolvimento do **principiante entusiasmado**, com baixa competência e alto comprometimento, preciso de:

Quando estou em D2, o nível de desenvolvimento do **aprendiz desiludido**, com competência baixa-média e baixo comprometimento, preciso de:

Quando estou em D3, o nível de desenvolvimento **capaz, mas cauteloso**, com competência média-alta e comprometimento variável, preciso de:

Quando estou em D4, o nível de desenvolvimento do **realizador autoconfiante**, com alta competência e alto comprometimento, preciso de:

Faça seu próprio diagnóstico | *81*

— Sua lição de casa é descrever o que poderia ajudá-lo a progredir do nível de principiante entusiasmado para o de realizador autoconfiante nesse truque do elástico — disse Cayla. — Lembre-se de que na semana que vem, nesta mesma hora, quero que você já tenha surpreendido sua família e seus amigos com esse truque.

— O que você quer dizer com "o que poderia me ajudar"?

Cayla parou bruscamente.

— Excelente pergunta — disse ela, batendo com a mão na testa. — Como pude me esquecer disso! — Ela pegou a folha da mão de Steve e a virou, revelando duas colunas no verso.

Steve ficou perplexo. Era capaz de jurar que o verso da folha estava em branco quando ela a entregara para ele da primeira vez.

Apontando para as duas colunas, ela disse:

— Estes são exemplos do que você precisa para aumentar sua competência e desenvolver comprometimento para poder progredir do estágio de principiante entusiasmado para o de realizador autoconfiante com relação a uma meta.

Steve virou a folha antes de se concentrar no verso, ainda se perguntando como poderia ter deixado de notar as duas colunas.

82 | *Autoliderança e o Gerente-Minuto*

COMPETÊNCIA	COMPROMETIMENTO
Para aumentar sua competência no sentido de alcançar uma meta, você precisa de:	*Para desenvolver seu comprometimento no sentido de alcançar uma meta, você precisa de:*
ORIENTAÇÃO	**APOIO**
de alguém que:	*de uma pessoa que:*
1. Defina uma meta clara	1. Escute você
2. Gere um plano de ação	2. Reconheça e valorize seus esforços
3. Mostre a você como alcançar a meta ou obter a habilidade	3. Facilite seu processo de resolução do problema
4. Esclareça as funções	4. Peça sua contribuição
5. Forneça os cronogramas	5. Apresente os fundamentos lógicos (lembre-se do motivo pelo qual você está agindo dessa maneira)
6. Estabeleça prioridades	6. Compartilhe informações sobre as experiências dela relacionadas com a meta
7. Acompanhe e avalie seu trabalho e lhe dê feedback	7. Compartilhe informações a respeito da organização pertinente à meta

Faça seu próprio diagnóstico | 83

— Espero que isso ajude a esclarecer o que eu queria dizer — disse Cayla. — Quando sua competência está baixa, você precisa de orientação; quando seu nível de comprometimento está baixo, você precisa de apoio.

— Qual é a diferença entre orientação e apoio?

— Excelente pergunta — disse Cayla. — O comportamento orientador é prático. Abrange decidir, ensinar, observar e fornecer um feedback frequente. O comportamento de apoio diz mais respeito a ouvir, envolver, facilitar e incentivar. Se você conseguir aprender a diagnosticar seu próprio nível de desenvolvimento em qualquer tarefa considerada, saberá o que precisa pedir para ter êxito.

— Ótimo, mas quando eu souber do que preciso, a quem devo pedir?

— Isso depende — respondeu Cayla. — Se for a respeito do truque mágico, obviamente, você pode pedir a mim, a outros mágicos ou até mesmo fazer uma pesquisa online. E se for sobre a sua campanha publicitária do United Bank? A quem deverá pedir ajuda?

— Excelente pergunta — disse Steve. Ele se sentiu como se alguém o tivesse sacudido e levado de volta à realidade. Ele tinha se envolvido de tal maneira no truque mágico e no aprendizado a respeito do *Continuum* de Desenvolvimento, que se esquecera de que o ponto crucial de tudo aquilo era salvar seu emprego.

84 | Autoliderança e o Gerente-Minuto

— Pense na sua meta para a conta do United Bank — disse Cayla. — Pense nas habilidades necessárias para ser um executivo de contas e para orquestrar a campanha publicitária. Em seguida, diagnostique seu nível de desenvolvimento em cada uma delas. Lembre-se disso:

*

Quando sua **competência** *está baixa, você precisa de* **orientação***; quando seu nível de comprometimento está baixo, você precisa de apoio.*

*

86 | Autoliderança e o Gerente-Minuto

— Acho que entendi! — disse Steve, levantando a palma de uma das mãos para tocar na de Cayla e, em seguida, juntando a papelada. Ele estava ansioso para completar a tarefa e para ver como esse novo conhecimento se aplicava ao seu trabalho.

6

Consiga tudo de que você precisa

Somente no dia seguinte Steve teve tempo para se dedicar ao dever de casa que Cayla lhe havia passado. Ele escreveu as respostas às perguntas orientando-se pelas listas de Competência e Comprometimento.

- *Quando estou em* **D1** *— o nível de desenvolvimento do* **principiante entusiasmado,** *com baixa competência e alto comprometimento — preciso de:* **Muita orientação e pouco apoio**

- *Quando estou em* **D2** *— o nível de desenvolvimento do* **aprendiz desiludido,** *com baixa-média competência e baixo comprometimento — preciso de:* **Muita orientação e muito apoio**

- *Quando estou em* **D3** *— o nível de desenvolvimento* **capaz, mas cauteloso,** *com média-alta competência e comprometimento variável — preciso de:* **Pouca orientação e muito apoio**

88 | *Autoliderança e o Gerente-Minuto*

- *Quando estou em* **D4** — *o nível de desenvolvimento do* **realizador autoconfiante**, *com alta competência e alto comprometimento* — *preciso de:*
Pouca orientação e pouco apoio

Steve confirmou que estava no estágio do aprendiz desiludido com o truque do elástico — ele sabia mais do que quando começara, mas ainda não conseguia realizar o truque e não tinha certeza de que algum dia o conseguiria.

Steve agora estava pronto para aplicar os níveis de desenvolvimento ao seu trabalho. Começou fazendo uma lista das tarefas pelas quais fora responsável quando era assistente de Rhonda: orçamentos de produção, orçamentos de mídia e programas de produção. Ele diagnosticou que seu nível de desenvolvimento fora o mesmo em todas aquelas áreas e que suas necessidades também tinham sido as mesmas em cada uma:

Meta: preparar e entregar orçamentos de produção, orçamentos de mídia e programas de produção para as contas de Rhonda de acordo com os cronogramas estabelecidos.

Meu nível de desenvolvimento: D4 — realizador autoconfiante

Eu precisava de: pouca orientação e pouco apoio

Naquela época, ele examinava as contas com Rhonda e propunha orçamentos para produção ou mídia. E também usava as informações dela e criava programas de produção.

— Era fácil, eu estava em D4 em tudo — disse ele em voz alta. Mas isso foi naquela época. Agora, ele nem mesmo se sentia confiante para fazer as coisas que antes considerava normais. Fez então a seguinte anotação: *Costumava ser D4 — mas acho que regredi!*

Steve voltou a atenção para o que estava acontecendo naquele momento e se questionou consigo: *Na condição de executivo da conta do United Bank, que metas e tarefas estão sob minha responsabilidade?* Foi nesse momento que se fez a luz. Sua função atual com o United Bank era muito diferente daquela que desempenhara quando trabalhava com Rhonda, embora as tivesse considerado iguais. Havia uma grande diferença entre preparar um orçamento com base nos subsídios de Rhonda e ter que desenvolver um a partir do zero. Ele não tinha a menor ideia de por onde começar e, muito menos, de como convencer o United Bank da sua posição. Levando em conta aquelas circunstâncias, ele reconheceu sua nova meta:

Meta: conseguir a aprovação do United Bank para os orçamentos de produção e de mídia, e para o programa de produção.

Meu nível de desenvolvimento: D2 — aprendiz desiludido.

Preciso de: muita orientação e muito apoio.

À medida que prosseguia, Steve começou a perceber um padrão:

90 | Autoliderança e o Gerente-Minuto

Meta: fornecer informações à equipe de criação sobre o posicionamento e o conteúdo.
Meu nível de desenvolvimento: aprendiz desiludido.
Preciso de: muita orientação e muito apoio.

Meta: fornecer informações ao comprador de mídia sobre o público-alvo, a verba e a estratégia de compra.
Meu nível de desenvolvimento: D2 — aprendiz desiludido.
Preciso de: muita orientação e muito apoio.

Steve balançou a cabeça, consternado — não era de admirar que estivesse prestes a perder a conta. Ele precisava de muita orientação e muito apoio, e não contara com nenhum dos dois. Perguntou a si mesmo se esse seria o terceiro truque da autoliderança.

De repente, o telefone tocou e o trouxe de volta ao presente. Era Marsha, da contabilidade, lembrando que precisavam dos formulários de despesas antes do final do dia.

— Sem problema — disse Steve, embora isso não fosse verdade.

Steve pegou a pasta de despesas. Ele sabia que, nessa área, ele estava em D3 — o estágio do realizador capaz, mas cauteloso. Tinha alta competência para preencher os formulários de despesas, mas seu nível de comprometimento era variável. Ele estava seguro de que seria capaz de preencher os formulários, mas simplesmente não tinha a motivação necessária para fazê-lo.

Preciso de: pouca orientação e muito apoio.

Ele voltou a examinar a lista de Cayla para verificar quais dos comportamentos de apoio poderiam impedir que ele procrastinasse. Haveria alguém ou alguma maneira capaz de evitar que ele entregasse os formulários no último minuto? O que poderia fazer para refutar a ideia de que aquilo nada mais era do que um trabalho burocrático? Novamente, perguntas que deveria fazer para Cayla.

Steve finalmente acabou de preencher os formulários e o entregou à contabilidade, torcendo para que ninguém percebesse o atraso. Já passava muito das 17 horas, mas ele ainda precisava cumprir uma última tarefa: checar as mensagens da secretária eletrônica.

— Você tem uma nova mensagem — anunciou a conhecida voz da gravação. Steve pressionou "3" para ouvir.

"Steve, aqui é Rhonda. Precisamos conversar. Acabo de receber uma mensagem do Roger, do United Bank, e ele não está satisfeito. Pelo que pude depreender, sua apresentação não foi bem aceita. Eu teria preferido ouvir isso de você e não do cliente. A situação parece séria. Vamos almoçar juntos na segunda-feira. Encontre-me no Irma's Eatery ao meio-dia. Eu disse a Roger que trataria do assunto, mas você precisa me colocar a par do que está acontecendo. Leve uma cópia da proposta original. Vejo você na segunda."

Steve desligou o telefone e se sentou. Ele esperara ter mais tempo para preparar um plano mais abrangente. Agora, tinha apenas quatro dias úteis. Pelo menos fizera algum progresso. Assumira a responsabilidade pelo ocorrido no United Bank. Havia rompido sua restrição autoimposta de que a culpa era do cliente e da equipe

92 | *Autoliderança e o Gerente-Minuto*

de criação. Reconhecera seu poder de tarefa e sua necessidade de adquirir mais poder de conhecimento. Diagnosticara seu nível de desenvolvimento como D2 — o estágio do aprendiz desiludido — com baixa-média competência e baixo comprometimento com relação aos principais aspectos do projeto. Ele sabia que precisava de muita orientação e muito apoio. Por último, sabia que havia áreas do projeto em que chegara a estar em D4 — o estágio do realizador autoconfiante — mas agora compreendia que não estava seguro quanto ao seu comprometimento.

Faltava descobrir o que dizer para Rhonda e como salvar a conta. Agora, só tinha até o meio-dia de segunda-feira para decidir se entregaria seu pedido de demissão ou lutaria para manter o emprego. Ele achava que havia ultrapassado a fase de colocar a culpa em Rhonda, mas sentiu a raiva voltar com intensidade. Seu futuro estava nas mãos de uma mulher em quem não sabia se podia confiar.

Na sexta-feira, Steve rumou de volta à livraria café de Cayla com o dever de casa em mãos. Ele a encontrou sentada à mesa deles lendo um livro. Mal levantando os olhos, ela perguntou:

— Como se saiu no dever de casa?

— Achei que a professora iria conferir meu trabalho — respondeu Steve, imprimindo à voz uma entonação despreocupada na esperança de encobrir a tensão que estava sentindo.

Consiga tudo de que você precisa | 93

— Qual é o problema? — perguntou Cayla.

É inútil tentar esconder minhas emoções dela, pensou Steve.

— Rhonda, minha chefe, me deixou uma mensagem. Roger, do United Bank, ligou para ela, nada satisfeito. Ela marcou um encontro comigo na segunda-feira para "discutir a conta". — Steve fez um sinal indicativo de aspas para enfatizar as três últimas palavras.

— Acho melhor acelerarmos seu ciclo de aprendizagem — disse Cayla enquanto esvaziava a mesa. — Você está com o cartão que eu lhe dei que mostra o *Continuum* de Desenvolvimento?

Steve achou o cartão dentro do caderno e o entregou a Cayla.

Cayla rasgou o cartão ao meio.

— O que você está fazendo? — perguntou Steve, procurando não levantar o tom de voz.

Cayla empilhou as duas metades e rasgou-as também ao meio.

— Ah, é um truque? — compreendeu Steve.

Cayla pegou os quatro pedaços e colocou-os na palma da mão esquerda. Em seguida, pôs a mão direita por cima, encerrando os pedaços de papel rasgado entre as duas palmas. Ela então ergueu as mãos em posição de prece e esfregou as palmas, como se estivesse moendo os pedaços do cartão.

— Se sair daí um cartão inteiro, vou ter um troço — declarou Steve, mais para si do que para Cayla.

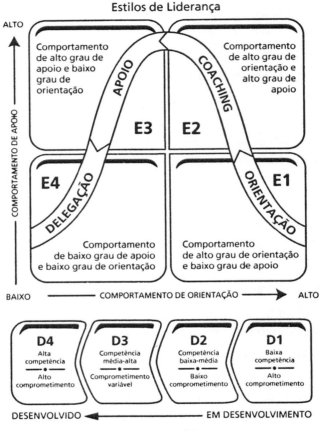

Níveis de desenvolvimento

E não deu outra. Quando Cayla abriu as mãos, um pedaço de papel caiu em cima da mesa. Os olhos dela encontraram os de Steve e se voltaram novamente para o pedaço de papel, sinalizando que ele deveria pegá-lo. Hesitante, Steve pegou o papel, desdobrou-o e ficou boquiaberto diante da nova imagem.

Consiga tudo de que você precisa | 95

— Ele tem um código. Para cada nível de desenvolvimento, há um estilo de liderança correspondente para lhe fornecer a orientação e/ou apoio necessários. Em D1, o estágio do principiante entusiasmado, você precisa do estilo de liderança E1: **orientação**. Em D2, o estágio do aprendiz desiludido, precisa do estilo de liderança E2: **coaching**. Em D3, o estágio do realizador capaz, mas cauteloso, precisa do estilo de liderança E3: **apoio**. Em D4, o estágio do realizador autoconfiante, precisa do estilo de liderança E4: **delegação**. Mostre-me seu dever de casa e vamos comparar as respostas com o modelo.

— Acho que mereço receber uma nota excelente nele — declarou Steve, fazendo um autoelogio. — O modelo SLII® facilitará a memorização, mas creio que fiz um bom trabalho com base nas listas de comportamento de orientação e apoio que você me deu como referência.

— Decididamente uma nota 10 com louvor — concordou Cayla, depois de avaliar o trabalho de Steve. — E ainda merece um crédito especial por ter compreendido a regressão.

Com receio de ser depreciado por não entender o que ela queria dizer, ele sorriu como se tivesse entendido. Cayla deve ter percebido isso, porque passou a fornecer detalhes sobre o conceito.

— Você captou a ideia de que pode estar no estágio do realizador autoconfiante D4 em algo e regredir para o estágio do realizador capaz, mas cauteloso, D3 — disse ela.

— *Regressão* é uma excelente palavra para descrever o que aconteceu comigo — concedeu Steve. — Quando trabalhava com Rhonda, eu estava no estágio do realizador autoconfiante em orçamentos e em programas de

96 | *Autoliderança e o Gerente-Minuto*

produção. No entanto, tenho estado tão desmotivado ultimamente que, se ela me encarregasse das mesmas tarefas de antes, não sei se me sentiria seguro para executá-las. Decididamente, regredi do estágio do realizador autoconfiante para o do realizador capaz, mas cauteloso.

— Bom diagnóstico — disse Cayla. — Também parece compreender que, na sua nova função de executivo de conta, você começou em D1, o estágio do principiante entusiasmado, colhendo informações do cliente, analisando as necessidades dele e criando um plano a partir do zero. Mas agora você está em D2, o estágio do aprendiz desiludido.

— É um tanto constrangedor, mas fui ingênuo a ponto de nem mesmo saber que deveria obter informações do cliente. Eu estava tão empolgado que tentei criar planos a partir do nada! Quando isso, obviamente, não deu certo, passei muito rápido ao estágio da decepção.

— Tudo faz parte do processo de aprendizado — garantiu Cayla.

Steve suspirou.

— Se eu tivesse tido conhecimento dos estágios de desenvolvimento desde o início, poderia ter trabalhado com Rhonda para suprir minhas necessidades. A questão agora é: será que é tarde demais?

— Nunca é tarde demais para tentar — afirmou Cayla. — Estou certa de que você encontrará algumas respostas neste fim de semana, ao se preparar para a reunião com Rhonda na segunda-feira.

À menção do fim de semana, Steve se deu conta de que já estava atrasado para o jantar de sexta-feira com Blair.

7

Correr juntos

Steve encontrou Blair esperando pacientemente por ele no restaurante. Ficou aliviado ao vê-la, mas se sentiu culpado. Deveria ter ligado para avisar do atraso.

— Desculpe-me por tê-la feito esperar — disse ele, com sinceridade, enquanto a abraçava.

— Imaginei que pudesse ter acontecido alguma coisa — disse ela.

Steve percebeu preocupação genuína — não repreensão — no tom de voz dela.

— Você tem estado tão ocupado que nem nos vimos a semana inteira. O que está acontecendo? — perguntou.

— Muita coisa.

— Você está bem? — insistiu ela.

— Fisicamente, sim — respondeu, enigmático.

Durante o jantar, no restaurante mexicano favorito deles, Steve relatou a Blair os acontecimentos estranhos da semana anterior. Começou com a malfadada proposta de campanha publicitária para o United Bank e como isso o levara a conhecer Cayla.

98 | *Autoliderança e o Gerente-Minuto*

— Ela me ensinou uma coisa — disse ele. Steve pegou então um dos seus cartões de visita e perguntou a Blair se tinha uma tesoura na bolsa.

— Esta serve? — perguntou, mostrando a ele uma tesourinha para cutícula.

Com uma expressão séria, Steve pediu a Blair que recortasse um buraco no cartão através do qual ele pudesse passar a cabeça.

— É por isso que você está aborrecido? Porque uma desconhecida pediu que você fizesse um buraco no cartão e passasse a cabeça por ele?

Steve riu pela primeira vez naquela noite.

— Em parte — respondeu ele, brincando. — Vamos lá, tente fazer o buraco.

— É um truque — disse Blair, recusando-se a pegar a tesoura.

— Você está absolutamente certa! Na verdade, é o primeiro truque da autoliderança. — Ele explicou então para ela o raciocínio de elefante e a importância de desafiar as restrições autoimpostas. Em seguida, pegou a tesoura, cortou o cartão em um anel grande e o passou pela cabeça dela. As pessoas na mesa ao lado — que os estavam olhando de soslaio — aplaudiram.

— Tudo bem — disse Blair —, o que foi que você fez com essa revelação sobre restrições autoimpostas?

Steve descreveu a reunião na qual percebera que seus pressupostos sobre os membros da sua equipe, sobre o cliente e sobre o seu próprio papel o haviam transformado em vítima.

Correr juntos | 99

— Não sou exatamente um líder nato — declarou ele, balançando a cabeça.

Blair tocou a mão de Steve.

— Foi por isso que não o vi no último final de semana... porque você está deprimido? O passeio de moto não ajudou nem um pouco?

— Quase me esqueci dessa parte, e é a mais estranha.

— O que aconteceu? — perguntou Blair.

Steve contou a ela que a Harley havia enguiçado e falou do seu bizarro encontro com Cayla à beira da estrada. Descreveu a ida até a lendária concessionária Hal's Harley, a conversa sobre poder e a misteriosa "nota" que revelou o segundo truque da autoliderança.

— Então, qual é o truque? — perguntou ela, demonstrando estar ao mesmo tempo curiosa e cética.

Steve entregou-lhe a nota.

— "Ative seus pontos de poder" — disse Blair, lendo o pedaço de papel.

— Sem dúvida, não usei meus pontos de poder no projeto do United Bank — comentou Steve. — Eu é que deveria ter iniciado a ação e orientado os demais.

— Mas como você poderia ter liderado outras pessoas se nem mesmo sabia o que estava fazendo? Você nunca foi um executivo de contas antes. — A afirmação de Blair o surpreendeu. Como isso poderia estar tão claro para ela, quando o próprio Steve precisara que Cayla destacasse isso para ele?

— Finalmente percebi isso hoje. Acho que estou prestes a aprender o truque final. Primeiro, minha

100 | *Autoliderança e o Gerente-Minuto*

autoavaliação mostrou que eu estava em D1 (o estágio do principiante entusiasmado) em quase todos os aspectos da minha função. No entanto, como não obtive o estilo E1 de liderança de que precisava (orientação), estou agora em D2 (o estágio do aprendiz desiludido), e preciso de um estilo de liderança E2 (coaching). Em alguns pontos, como na preparação do orçamento e do cronograma, eu estava em D4 (o estágio do realizador autoconfiante) e me dando bem com um estilo de liderança E4 (delegação). Mas agora já não estou tão certo de ser tão competente quanto imaginava, de modo que regredi para D3 (o estágio do realizador capaz, mas cauteloso), que precisa de um estilo de liderança E3 (apoio). — As palavras jorraram ininterruptamente da boca de Steve.

Quando terminou, Blair olhava para ele com uma expressão de quem não estava entendendo nada.

— Não tenho a menor ideia do que você está falando.

Steve caiu na gargalhada.

— Devo ter dado a impressão de estar falando outra língua. Espere um pouco. — disse Steve, levantando-se da mesa e desaparecendo da vista de Blair. Ao voltar, tinha na mão dois elásticos obtidos na recepção do restaurante.

— Eu estava falando dos quatro estágios do aprendizado e domínio de algo novo — explicou. — Como exemplo, vou lhe mostrar um truque com o elástico. — Steve começou então a ensinar a Blair o truque mágico, mostrando-lhe o cartão com o SLII® e usando-o como referência.

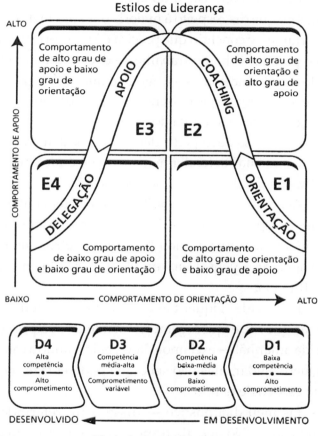

Passados alguns minutos, chegaram à conclusão de que, quanto ao truque do elástico, ambos estavam em D2.

Os olhos de Blair se iluminaram quando ela percebeu a relação entre o truque do elástico e o trabalho de Steve.

102 | Autoliderança e o Gerente-Minuto

— Então, com relação ao seu trabalho, você se diagnosticou no estágio D2, o do aprendiz desiludido, pelo menos no que diz respeito à maioria das suas metas mais importantes, e concluiu que precisa de mais orientação e apoio para ter êxito no trabalho — declarou Blair, franzindo as sobrancelhas. — E agora, o que vai fazer?

Steve confessou que isso era o que ele precisava decidir até segunda-feira, na hora do almoço.

— Não sei se devo pedir demissão e acabar com essa tortura ou tentar defender meu emprego e correr o risco de Rhonda me demitir. O que você acha?

— Acho que você tem muita sorte por ter conhecido Cayla — respondeu Blair. — Tenho uma proposta: se você me ajudar na minha corrida de 10 quilômetros amanhã, eu o ajudarei a pensar em um plano para seu encontro com Rhonda.

— Puxa vida! Fiquei tão envolvido com meus problemas que me esqueci completamente da sua primeira corrida amanhã! — exclamou Steve, balançando a cabeça.

— Quero ajudar, mas não sei o que poderei fazer nesse curto espaço de tempo.

— Eis meu diagnóstico — disse Blair, referindo-se ao modelo. — No que diz respeito ao meu programa de treinamento, consigo fazer as corridas curtas durante a semana. Mas nunca me senti segura o bastante para completar o treino dos 10 quilômetros no fim de semana. Acho que estou em D3, o estágio do realizador capaz, mas cauteloso. Com relação à corrida de amanhã, estou em D2, o estágio do aprendiz desiludido. Nunca participei de uma corrida com centenas de pessoas, de modo que posso dizer que minha competência é baixa. Não sei como vou reagir e estou com medo. Imagino que isso signifique que meu nível de comprometimento seja baixo. E se eu não conseguir terminar a corrida?

— O que é isso, Blair — incentivou Steve. — Em último caso, você consegue *andar* 10 quilômetros.

— E se eu chegar em último lugar? Vou morrer de vergonha. — Blair cobriu os olhos com as mãos, como se tentasse bloquear essa horrível visão de si mesma, cruzando a linha de chegada muito tempo depois de os outros terem completado a corrida.

Steve riu.

— Você *é*, de fato, uma aprendiz desiludida! Como posso ajudá-la?

O sorriso travesso de Blair fez Steve se perguntar onde teria se metido.

— Tenho poder de relacionamento com você e vou usá-lo. Eis meu pedido: venha correr comigo. Você já participou de inúmeras corridas e sabe muito bem como é. Você tem poder de conhecimento. Seja meu parceiro e coach de corrida. Preciso do estilo de liderança E2, coaching, com muita orientação e apoio.

— Está brincando? Eu não treinei — reclamou enfaticamente Steve.

— Lenta como eu sou, você não precisa de treinamento para me acompanhar!

Blair e Steve continuaram a conversar enquanto saíam do restaurante. Já no carro, a caminho de casa, Steve

104 | *Autoliderança e o Gerente-Minuto*

compreendeu que, por ter ensinado o modelo a Blair, eles tinham agora um sistema de referência comum para discutir onde estavam com relação às suas metas e do que precisavam para alcançá-las.

Sábado, assim que amanheceu, Steve vestiu sua roupa de corrida, fez um pouco de aquecimento e saiu para buscar Blair.

Ao ver Steve vestido para correr, Blair ficou radiante.

— Eu sabia que podia contar com você — declarou ela, entregando a ele uma barra de cereais e uma bebida energética. — Imaginei que pudesse precisar disso.

— Eu não poderia deixar uma autolíder na mão — disse Steve, com um sorriso. — Você pediu ajuda e isso requer coragem.

Eles entraram no carro e se dirigiram para a corrida. Depois de alguns minutos de silêncio, Blair comentou:

— Andei pensando nos dois truques que Cayla ensinou a você — desafiar as restrições autoimpostas e ativar seus pontos de poder. São conceitos poderosos. Eu não seria uma corredora se não os tivesse usado; apenas não estava consciente de estar recorrendo a eles.

— Explique melhor — pediu Steve.

— Você se lembra de quando comecei a correr? Comprei shorts, camisetas e moletons bonitos, tênis de corrida e meias de boa qualidade. Eu tinha o que havia de melhor. Estava me sentindo muito orgulhosa de mim mesma. Fui para a rua, corri o primeiro quarteirão e comecei a sentir os músculos da coxa se contraírem. Tentei controlar a res-

Correr juntos | 105

piração, mas estava sem ar. Senti uma pontada na lateral do abdômen que simplesmente não ia embora.

Steve deu uma risadinha.

— Lembro-me da sua desculpa. Você disse: "Acho que devo ter músculos de contração rápida. Eles não foram feitos para corridas de longa distância."

— Essa era minha restrição autoimposta. Embora eu fosse uma velocista bastante razoável, partia do princípio de que não conseguiria correr bem longas distâncias. Você me ajudou a desafiar essa restrição autoimposta, explicando que esse tipo de corrida usa músculos muito diferentes do que aqueles que eu costumava usar. Disse ainda que o meu esforço teria que ser maior do que comprar um bom par de tênis.

— Essa, eu acertei em cheio — declarou Steve, orgulhoso.

— A questão é que eu queria desistir. Comecei no estágio D1, o do principiante entusiasmado, e bastaram dois quarteirões para que eu passasse para o estágio D2, o do aprendiz desiludido!

— Do que você precisava então? — perguntou Steve.

— Devo dizer a meu favor que percebi que precisava de coaching, para poder aprender a correr de maneira diferente. Precisava de alguém que observasse, monitorasse e avaliasse minha corrida e me desse feedback. Precisava de um estilo de liderança S1, orientação, mas como nunca tive um, eu me vi no ponto em que precisava de um estilo de liderança S2, coaching.

— Estou me lembrando — disse Steve. — Você procurou um amigo que era treinador de cross-country em uma

106 | *Autoliderança e o Gerente-Minuto*

escola de ensino médio e ele a ajudou a montar um programa de treinamento. Você usou seu poder de relacionamento para encontrar alguém com poder de conhecimento.

— Exatamente — confirmou Blair. — Meu treinador me ajudou planejar toda a estratégia, que incluía um grupo de apoio de corredores, obter feedback para minha técnica de respiração e de corrida, assinar uma revista especializada no assunto e recrutar você para me incentivar a cumprir meu programa de treinamento.

— Você contratou um treinador e ele a ajudou a alcançar sua meta — disse Steve.

— O que me faz lembrar de uma citação que eu adoro — comentou Blair:

*

"A pessoa que não tem uma meta é usada por alguém que tem."

*

108 | *Autoliderança e o Gerente-Minuto*

— É verdade — concordou Steve. — E, às vezes, não alcançamos nossas metas porque nos deixamos derrotar por restrições autoimpostas.

— Ou não usamos nossos pontos de poder — acrescentou Blair. — Ocorreu-me que um grande erro que cometemos no nosso trabalho, seja ele qual for, é achar que somente nossos gerentes podem nos dar orientação e apoio. No entanto, como você mesmo percebeu há poucos dias com sua equipe, essa é uma restrição autoimposta. Steve, você pode recorrer a uma série de pessoas e recursos para obter a orientação e o apoio de que precisa para reverter a situação da conta do United Bank. Sinto que você tem pontos de poder que nem mesmo começou a ativar.

— Provavelmente você está certa. — Steve diminuiu a velocidade ao se aproximar da entrada que os conduziria ao ponto de partida da corrida.

— Precisamos traçar uma estratégia para sua reunião com Rhonda, exatamente como fiz no caso da minha corrida. Acho que vai funcionar!

— Se não funcionar, sempre posso voltar à minha antiga estratégia e pedir demissão — comentou Steve.

Blair suspirou.

— Ameaçar pedir demissão é simplesmente seu jeito de sentir que tem algum controle quando se vê diante de uma meta difícil.

— Pode ser. — Steve parou no estacionamento, onde centenas de corredores estavam reunidos. — Qual é sua

Correr juntos | 109

meta hoje? — perguntou. — Qual o tempo que espera fazer?

— Esqueça o tempo. Minha meta é apenas terminar a corrida de 10 quilômetros.

— É razoável. Se sua motivação é apenas terminar a corrida, vamos nos concentrar nisso. Mas acho que você deveria definir um parâmetro — disse ele. Apontando para uma mulher que aparentava ter oitenta e poucos anos, acrescentou: — Acho que deveria tentar correr mais do que ela.

Blair não mordeu a isca.

— Essa não é uma meta inteligente! Não tenho controle sobre a rapidez com que essa mulher corre. Não seria irônico se ela fosse a campeã nacional da terceira idade?

— Mas você não deveria ter *algum* parâmetro? — perguntou Steve.

— Que tal isto? Minha meta é não ser a última a cruzar a linha de chegada. Isso significa que, se eu não conseguir continuar, você terá que me carregar no colo!

Eles se dirigiram à mesa de inscrição, pegaram seus números e os prenderam nas respectivas camisetas. Todo tipo de gente perambulava pelos estandes, que ofereciam comida, bebida, produtos diversos, promoções e massagens. Havia música no ar. O ambiente estava agitado e Steve sentiu a adrenalina fluir nas suas veias. Era divertido simplesmente participar do evento.

As pessoas estavam se concentrando no ponto de largada. Blair e Steve estavam posicionados no centro do pelotão, quando Blair disparou à frente, "costurando"

110 | *Autoliderança e o Gerente-Minuto*

entre as pessoas. Ela olhou para trás e fez sinal para que Steve a seguisse.

Ela não sabe que a parte da frente do pelotão é reservada aos corredores qualificados e profissionais patrocinados! pensou Steve. Ele se perguntou se ela perceberia que os números presos na camiseta desses corredores estavam entre 001 e 100, enquanto o dela era 2045. Quando Blair chegou à primeira fila, Steve se deu conta de que ela estava excitada demais para notar qualquer detalhe desse tipo.

— Às suas marcas — gritou o responsável por dar o sinal de partida pelo megafone. Steve não reagira a tempo de conter Blair. — Preparar — O tiro de partida ressoou, e eles largaram.

A euforia que sentia no início de uma corrida fazia Steve vibrar. Ele podia efetivamente sentir o chão tremer sob os milhares de pés que batiam atrás dele. Conseguia escutar a respiração coletiva de centenas de corredores. Quando alcançou Blair, dezenas deles os haviam ultrapassado.

— Inacreditável! — gritou Blair. — Por que as pessoas estão correndo tão rápido logo no início da corrida? Não vou conseguir completar o percurso se tentar acompanhar o ritmo delas. Já estou a ponto de desistir! Treinador, o que devo fazer?

— Regule seu ritmo. Veja se consegue chegar até a fonte.

— Certo. Corro até a fonte, e depois? — perguntou ela, ofegante.

— Sinta o borrifo da fonte. É revigorante! E lembre-se da sua meta.

Correr juntos | *111*

— Ah, claro. Completar o percurso — disse Blair, diminuindo o ritmo e começando a tomar fôlego.

— O que aconteceu no início da corrida? — perguntou Steve.

— Fiquei tão empolgada que resolvi dar tudo de mim! Achei que talvez pudesse vencer na categoria da minha idade ou algo assim.

Steve se sentiu cativado pela inocência de Blair.

— Isso seria o máximo, não é? Vencer na categoria da sua idade logo na primeira corrida, depois de treinar apenas alguns meses. — Ele procurou não soar crítico demais.

Blair sorriu.

— Entendi — disse ela, ainda um pouco ofegante. — Agi como se estivesse no estágio do realizador autoconfiante: larguei na frente, pensando que poderia superar ou, pelo menos, acompanhar o ritmo dos melhores. Mas eu estava no clássico estágio do principiante entusiasmado! É por isso que estou agora no estágio do aprendiz desiludido. Não levei muito tempo para passar de D1 para D2, não é mesmo? — Era óbvio que ela não precisava de uma resposta.

Mesmo assim, Steve respondeu.

— Lembre-se do velho ditado italiano: as coisas ficam mais difíceis antes de ficarem mais fáceis. — Ele se deu conta de que ele próprio precisava levar a sério esse adágio. Sua frustração com o emprego, refletiu ele, era uma parte normal da curva de aprendizado que precisava ser reconhecida e enfrentada. Não era motivo para desistir.

112 | *Autoliderança e o Gerente-Minuto*

Eles logo passaram pela fonte e sentiram o borrifo refrescante.

— Venci essa etapa — declarou Blair, arquejante. E agora?

— Continue correndo, um passo de cada vez — respondeu Steve.

Durante o restante do percurso, Blair pediu a Steve a orientação e o apoio de que precisava. Ela incentivava a si mesma em voz alta para que Steve pudesse acrescentar alguma coisa, caso necessário. *Só mais um pouquinho até a curva. Boa menina. Agora, faça um esforço para alcançar aquelas pessoas — elas não parecem estar correndo tanto assim. É isso aí, Blair!*

De vez em quando, ela pedia instruções específicas a Steve. *Estou usando bem os braços nas subidas? Preciso fazer algo diferente nas descidas? Se estou ofegante demais para falar, isso significa que meu ritmo está muito acelerado e que devo ir mais devagar?* Às vezes, Steve dava respostas diretas; outras, ele a instruía a viver a experiência e trazer a informação do que achava que seria melhor.

Com uma hora de corrida, Steve estava correndo com facilidade. Este não era o caso de Blair. Ela estava bufando, quase ofegante.

Finalmente, avistaram a linha de chegada.

— Tudo bem, treinador — Blair conseguiu dizer, arquejante. Outros corredores disseram que é aqui que sentem uma descarga de adrenalina... o segundo fôlego... e dão a arrancada para a chegada. Não tenho nenhuma esperança... nem sei se cheguei a encontrar meu primeiro fôlego. Minhas pernas parecem de chumbo. Meus pulmões doem. Espero conseguir terminar a corrida.

Steve estava começando a ficar preocupado. Ele não queria ter de carregá-la no colo até a linha de chegada. Foi quando ouviram vozes conhecidas torcendo entre os espectadores. Olharam e viram um grupo de amigos gritando como loucos.

— Nossa! — exclamou Blair. — Eu não sabia que todos estariam aqui! — Ela sorriu, apesar da dor. — Eles devem estar espantados por eu ainda estar em pé!

— E também porque você não é a última — acrescentou Steve.

Com isso, o rosto e o corpo de Blair sofreram uma modificação. Ela sentiu o segundo fôlego.

— Vamos! — gritou ela, acenando para os amigos enquanto dava uma arrancada. Steve estava se preparando para aumentar seu nível de desempenho quando pensou ter avistado outro rosto conhecido na multidão. Seria Cayla, torcendo por eles? Não, não podia ser. Ele olhou de novo, mas o rosto tinha sumido.

Blair cruzou a linha de chegada antes de Steve. Quando ele chegou, ela o abraçou, exultante.

— Obrigada, mil vezes obrigada! — balbuciava. Ele também a abraçou, mas obrigou-a a continuar andando, para não ter cãibras.

— Veja! — exclamou Blair, apontando para a linha de chegada. — Ainda tem gente chegando!

Ainda havia pessoas chegando, porém muito mais corredores haviam cruzado a linha de chegada antes

114 | *Autoliderança e o Gerente-Minuto*

deles. Eles tinham levado pouco mais de uma hora para correr 10 quilômetros, o que não era um tempo muito bom. Naquele momento, Steve teve uma epifania. Sabia que Blair era uma pessoa extremamente competitiva. No entanto, curiosamente, saber que centenas de pessoas haviam completado o percurso antes dela não a incomodava. Na verdade, ela estava eufórica por ter terminado a corrida, ou seja, por ter alcançado sua meta. O que os outros haviam feito não era importante.

A corrida ajudou Steve a compreender que:

*

Há alegria em diagnosticar seu nível de desenvolvimento e obter a orientação e o apoio necessários para alcançar sua meta.

*

Se não tivesse conseguido o que precisava, Blair teria desistido depois dos dois primeiros quarteirões. Exatamente como Steve estava prestes a desistir depois de passar dois meses como executivo de contas.

Pouco depois, eles se viram cercados pelos amigos. Passaram a hora seguinte pegando suas novas camisetas e aproveitando os estandes, as apresentações e os brindes a que tinham direito por terem terminado a corrida. Enquanto caminhavam até o carro, Blair abraçou cada um dos seus amigos.

— Obrigada por terem me dado o apoio de que eu precisava, no momento certo — disse ela. Mais tarde, sentados no carro, na fila do estacionamento que se deslocava lentamente rumo à saída, Steve pediu a Blair que procurasse o tíquete na sacola de cupons e brindes.

— Você tem certeza de que o colocou aqui? — perguntou ela. — Não consigo encontrá-lo.

Eles estavam na guarita do estacionamento. Steve detestava atrapalhar o trânsito. Ele abaixou o vidro para explicar que não estavam conseguindo encontrar o tíquete.

— Não se preocupe, já foi pago — informou o atendente.

— Como assim? — perguntou Steve.

— Aquela mulher pagou para você — explicou o atendente apontando à frente, onde uma mulher pequena cruzava a saída em uma Harley-Davidson. — Ela disse qualquer coisa a respeito de você ser muito especial — acrescentou o atendente enquanto entregava o recibo a Steve.

Steve agradeceu, entregou o recibo a Blair e dirigiu-se à autoestrada.

— Aquela é Cayla, lá na frente — disse ele, em um tom de voz surpreso. — Pensei tê-la distinguido na multidão, mas achei que estava vendo coisas.

— Você contou a ela que estaríamos aqui? — perguntou Blair.

— Não me lembro de ter contado — respondeu Steve.

— Bem, este não é um recibo de estacionamento comum — comentou Blair, enquanto o segurava no alto para que Steve pudesse vê-lo. O recibo continha a seguinte mensagem:

O terceiro truque da autoliderança:
SEJA PROATIVO!
OBTENHA O QUE PRECISA
PARA TER SUCESSO!

8

Nada de desculpas

Ao sair de casa às sete da manhã de segunda-feira, Steve era um homem com um plano. Primeira parada: Cayla's Café. Em vez de ir diretamente para o balcão, assim que entrou olhou em volta à procura de Cayla, e a encontrou sentada à mesma mesa de sempre.

— Você tem muito a explicar, Cayla.

— É mesmo? — retrucou ela, arqueando as sobrancelhas.

— Não quero parecer ingrato, mas não estou aguentando de tanta curiosidade.

Um garçom começou a limpar a mesa ao lado deles.

— Você pode nos trazer dois cafés e dois pãezinhos de minuto? — pediu Steve.

O garçom assentiu com a cabeça, distraído, e se afastou.

— Muito bem, de volta às explicações — continuou Steve.

Cayla encarou Steve.

— Estou certa de que você deve ter muitas perguntas válidas para fazer, mas não acha que deveríamos nos concentrar primeiro nas perguntas mais importantes? Como

120 | *Autoliderança e o Gerente-Minuto*

vai enfrentar seu almoço com Rhonda? Como pretende salvar seu emprego? Como vai implementar o plano que você e Blair conceberam?

— Está vendo? É isso que quero dizer! — disse Steve, levantando a voz. — Como você sabe que Blair e eu concebemos um plano?

Voltando a palma da mão para baixo, Cayla fez sinal para que Steve se tranquilizasse.

— Acalme-se. Vi vocês na corrida. Ambos são muito inteligentes, de modo que simplesmente imaginei que potencializariam sua parceria e idealizariam um plano para hoje.

— Ótimo — disse Steve. — Mais uma vez seu grande poder de observação e raciocínio funcionou. No entanto, antes de mais nada, por que estava lá nos observando? Não me lembro de ter mencionado a corrida para você.

Uma vez mais, Cayla respondeu com muita naturalidade.

— Eu conhecia outras pessoas que estavam participando da corrida e fui até lá para torcer por elas. Você talvez tenha reparado em uma delas, uma senhora maravilhosa. Ela tem 82 anos e ainda corre! E, devo acrescentar, chegou antes de vocês.

— Ainda bem que Blair não percebeu esse fato — comentou Steve, baixinho.

— O que você disse?

— Nada — respondeu Steve, com um meio sorriso.

— Acho que tirei conclusões precipitadas. Mas você deve admitir que, ultimamente, um número exagerado

Nada de desculpas | 121

de coincidências vem ocorrendo. Como nosso encontro casual perto do Hal's Harleys, por exemplo.

— A vida é cheia de surpresas — observou Cayla.

— Veja bem, você tem poucas horas antes do grande encontro com Rhonda. O que gostaria de perguntar sobre seu plano?

Steve pegou o plano de várias páginas que ele e Blair haviam criado e o entregou a Cayla. Foi então que percebeu que o café e os pãezinhos ainda não tinham chegado. Quando o garçom passou por eles, Steve o chamou.

— Por favor — disse ele, em um tom ríspido. — Nosso pedido já está saindo?

— Vou verificar — respondeu o garçom enquanto se afastava.

Cayla ainda estava se concentrando no plano, emitindo pequenos ruídos em sinal de aparente aprovação. Steve chegou à conclusão de que os "ahs" e "hums" dela não eram suficientes e decidiu pedir feedback.

— Uma vez que, como autolíder estou no estágio D2, o do aprendiz desiludido, especialmente no que diz respeito à minha reunião com Rhonda, você se importa se eu lhe pedir mais detalhes?

Cayla não respondeu de imediato. Ela parecia estar avaliando a pergunta.

Com receio de ter dado uma mancada, Steve gaguejou:

— Se não puder, isto é, se não quiser me dar feedback...

Cayla encostou o dedo nos lábios e disse:

— Preste atenção — sussurrou ela.

122 | *Autoliderança e o Gerente-Minuto*

Quando o garçom passou por eles novamente, Cayla levantou a mão para chamar a atenção dele.

— Por favor, Gary. Eu preciso saber como está indo nosso pedido. Meu colega aqui está ficando rabugento porque seu café não chega! — disse ela, com um sorriso.

— Oh, eu sei como é isso! Vou dar uma olhada — declarou o garçom, virando-se e caminhando apressado em direção ao balcão.

— Muitíssimo obrigada! — disse Cayla, em tom de agradecimento.

Gary voltou alguns segundos depois com o café e os pãezinhos.

— Deve ser sua personalidade sedutora — gracejou Steve. — Ele não me deu a menor atenção quando falei com ele.

— Não é sedução... é técnica — explicou Cayla. — Simplesmente usei as palavras mais poderosas de qualquer idioma para conseguir o que queria.

— "Muito obrigado?" — arriscou Steve.

— Imagino que isso não tenha doído. Mas, na verdade, não foi o que fez a diferença. O que foi diferente a respeito da maneira como você se dirigiu a Gary e o jeito como lidei com a situação?

Steve estava totalmente confuso.

Cayla deu a resposta.

— Usei as duas palavras mais poderosas do nosso idioma para obter cooperação.

Steve esperou para ouvir quais eram as palavras.

— *Eu preciso* — declarou Cayla.

Nada de desculpas | 123

— É isso?

— Exatamente — respondeu Cayla, com firmeza.

— Isso é interessante, Cayla, mas o que tem a ver com o fato de você me dar feedback?

— Não se trata de eu não querer lhe dar feedback, mas apenas de haver uma maneira muito mais poderosa de você obter feedback de mim. Não peça.

Agora, Steve estava completamente perdido.

— Mas pensei que deveria ser proativo como autolíder e pedir feedback.

— Eu disse *obter* feedback... não *pedir*. Vou ser mais explícita: não faça a solicitação em forma de pergunta. Nesse caso, brincar de adivinhar a pergunta tendo a resposta pode ser arriscado. — Cayla sorriu antes de salientar:

*

"As duas palavras mais poderosas para você conseguir o que necessita para ter sucesso são: 'EU PRECISO.'"

*

Nada de desculpas | 125

— Na condição de autolíder, é sua responsabilidade obter o feedback, a orientação e o apoio necessários — afirmou Cayla. — O problema é que em vez de dizer o que precisa de uma maneira direta, franca e sem rodeios, especialmente quando está no estágio D2, o do aprendiz desiludido, você cai na armadilha e faz perguntas tolas.

— Tais como? — perguntou Steve, receando ter acabado de fazer uma.

— Eis um ótimo exemplo — respondeu Cayla, cheia de entusiasmo. — Um homem entrou no metrô de Nova York e descobriu que havia apenas um assento vago. Mas como havia algo no assento e não queria sujar a calça, ele se sentou em cima do seu jornal. Pouco depois, uma mulher bateu no seu ombro e perguntou: "Desculpe-me, o senhor está lendo o jornal?" O homem pensou que era uma das perguntas mais idiotas que já ouvira. Não se contendo, ele se levantou, virou a página, voltou a se sentar sobre o jornal e respondeu: "Sim, senhora, estou."

Cayla riu da história que acabara de contar.

— Esse é o problema das perguntas tolas. Você recebe respostas tolas.

Steve caiu na gargalhada, porém estava rindo mais de Cayla do que da anedota em si. Mas ele não estava muito seguro com relação à questão da pergunta. Como poderia pedir ajuda sem fazer uma pergunta? Steve resolveu arriscar.

— Cayla, espero que esta não seja outra pergunta desse tipo. Mas o que faz com que uma pergunta seja

126 | *Autoliderança e o Gerente-Minuto*

tola? Obviamente, nem todas as perguntas são assim. Na verdade, sempre ouvi dizer que não existe pergunta tola.

— Pergunta inteligente — disse Cayla. Há três tipos de perguntas tolas. Em primeiro lugar, quando a resposta é óbvia. Segundo, quando você não está disposto a ouvir determinada resposta. E, terceiro, quando já sabe o que deseja ouvir.

— Por exemplo, Rhonda está ocupada até o pescoço, mas você precisa de ajuda, de modo que pergunta: "Você está ocupada?" Esta é uma pergunta tola. É claro que ela está ocupada! Então ela responde algo como: "O dia só tem 24 horas." Você se sente culpado, fica aturdido e a deixa em paz para não piorar as coisas.

Cayla prosseguiu:

— Seria melhor expor abertamente sua necessidade: "Rhonda, preciso de 15 minutos do seu tempo para discutir este projeto. Se esta não for uma boa hora, posso voltar às três da tarde."

Steve não podia negar que, muitas vezes, fazia o que pareciam ser perguntas tolas, em vez de externar diretamente suas necessidades.

— O que torna a expressão "Eu preciso" tão poderosa? — perguntou.

— Quando você diz a alguém que *quer* algo, a primeira coisa que essa pessoa pensa, com frequência, é o seguinte: *todos queremos coisas que não podemos ter.* Quando usa a expressão *eu preciso*, está partindo de uma posição de poder. Você pensou a respeito do que será necessário para ter êxito e está pedindo a ajuda de alguém. É surpreendente, mas os seres humanos adoram se sentir necessários. Adoram pensar que podem ajudar. "Eu preciso" é muito convincente.

— Tudo bem. Vou tentar não fazer perguntas tolas. Mas me reservo o direito de fazer perguntas inteligentes — declarou Steve. — Que tal: *Eu preciso* de um feedback específico sobre meu plano para obter o que é necessário para que ele dê certo.

Cayla aquiesceu de imediato, voltando a atenção para o plano caprichosamente impresso de Steve. Depois de lê-lo do princípio ao fim ela resumiu:

— Você **está desafiando restrições autoimpostas,** o primeiro truque da autoliderança, ao enumerar as restrições autoimpostas potenciais e efetivas que poderiam restringir seu sucesso na conta do United Bank. A maneira como você reverteu suas restrições autoimpostas é muito eficaz. Gosto principalmente desta: "Minha restrição autoimposta é achar que Roger é egoísta e não dá ouvidos a nada que eu digo." A declaração oposta é: "Roger não é egoísta e está aberto às minhas recomendações."

— Você **ativa seus pontos de poder,** o segundo truque da autoliderança, ao ressaltar suas forças e recursos. Mas você ainda foi além, identificando outras pessoas que têm pontos de poder aos quais pode recorrer na implementação do plano. Você precisa se sentir bem com relação a isso.

— E, finalmente, começou a usar o terceiro truque da autoliderança, **seja proativo para conseguir o que precisa para ter sucesso,** ao priorizar suas metas mais importan-

128 | *Autoliderança e o Gerente-Minuto*

tes no que diz respeito à conta do United Bank, diagnosticando seu nível de desenvolvimento em cada uma delas e determinando o estilo de liderança necessário.

Nos sessenta minutos seguintes, Cayla ajudou Steve a criar uma pauta para seu encontro com Rhonda. Enfim, chegou a hora de Steve ir embora. Ele juntou os papéis e deu um último gole no café, que agora estava frio. Antes de sair, Steve deu um abraço apertado em Cayla.

— O que aconteceu hoje foi muito importante para mim. Não vou me esquecer disso... não importa o que aconteça.

Cayla ficou visivelmente emocionada. Apertou o braço dele e se dirigiu para o escritório. Ao chegar à porta, ouviu-a dizendo:

— Não se deixe abalar pela decepção!

Steve sorriu. Cayla parecia ter sempre a última palavra.

Chegou a hora de fazer mágica, pensou Steve.

Ele ajeitou a gravata uma última vez e olhou sua imagem no retrovisor para checar sua aparência antes de entrar no Irma's Eatery. Tinha chegado alguns minutos adiantado. A última coisa que queria era deixar Rhonda esperando.

Com a pasta debaixo do braço, escolheu a mesa mais reservada possível e se sentou de frente para a porta, para poder atrair a atenção de Rhonda assim que ela entrasse. Pegou o laptop e recapitulou suas anotações sobre a proposta do United Bank. A garçonete colocou na mesa um copo de água gelada.

Nada de desculpas | 129

— Obrigado, Tina. Preciso de mais um copo; vou ter companhia para o almoço. Steve sorriu ao notar como esses pequenos detalhes de fato funcionavam. Tina não apenas foi rápida, mas também muito atenciosa.

— Parece que é uma reunião importante — comentou Tina.

— A bem dizer, talvez uma das mais importantes da minha carreira até agora — revelou Steve.

— Há algo que eu possa fazer para que tudo transcorra bem?

— É muita gentileza da sua parte perguntar — disse Steve. — Pensando bem, há sim. Se eu estiver pedindo demais, me avise. Preciso me manter concentrado, de modo que, em vez de perguntar se estamos precisando de alguma coisa e correr o risco de interromper um momento delicado, eu agradeceria se você esperasse até eu chamá-la. Ah, e você deverá entregar a conta para mim.

— Seu pedido é uma ordem — disse Tina, apontando o polegar para cima. — Boa sorte!

Steve sorriu. Ser proativo com relação a conseguir o que precisava para ter sucesso o fazia se sentir bem.

Pela janela, Steve viu quando um BMW cinza-prateado entrou no estacionamento. Observou Rhonda juntando seus pertences e se encaminhando para a entrada do restaurante. Confiante e equilibrada, Rhonda era uma pessoa que, por princípio, Steve admirava. Ele se preparou para a abordagem prática e direta da sua chefe. Ela não omitiria nada, iria direto ao ponto e concluiria o encontro com um plano de ação abrangente. Embora estivesse muito

130 | *Autoliderança e o Gerente-Minuto*

nervoso, Steve se deu conta do quanto queria trabalhar com ela — havia muito a aprender.

Ele se levantou para que Rhonda pudesse avistá-lo. Ela sorriu. Steve observou que o sorriso dela era sincero, porém contido. Compreendeu que ela precisava se refrear, tendo em vista a gravidade da situação.

Steve se levantou para recebê-la. Eles se cumprimentaram de uma maneira semiprofissional, ou seja, com um meio aperto de mão e um meio abraço. Steve esperou Rhonda se sentar para depois fazer o mesmo.

Normalmente, Steve teria esperado Rhonda começar a falar. Ele a ouviria, formaria uma opinião, e depois decidiria como e se deveria responder. Mas esse era o momento de ser ousado, de modo que, antes que Rhonda tivesse a chance de falar, Steve disse:

— Rhonda, sei que você interrompeu sua viagem por causa desta reunião. Você ficou decepcionada por ter sido informada do desfecho da apresentação por Roger e pelo United Bank antes que eu lhe contasse o ocorrido. Não vou tentar me desculpar. Acho que sua decepção é justificada. Estou aqui para colocá-la a par do que eu sei e ouvir sua opinião. Mas também preciso de que você saiba que fiz meu dever de casa. Tenho algumas ideias para levar adiante e espero que você esteja aberta a discuti-las.

— Que tipo de ideias? — perguntou Rhonda.

— Tenho duas abordagens. A primeira é uma estratégia para me comunicar com Roger e salvar a campanha publicitária. Obviamente, esta é a maior preocupação para você e para a Creative Advertising. A segunda é um plano para o modo como você e eu devemos colaborar para que possamos progredir. Foi somente na semana passada que me dei conta de que precisava de ajuda e de orientação, tanto de você quanto dos demais, para executar meu trabalho de maneira eficiente enquanto estiver na curva do aprendizado. Pretendo ser muito mais proativo no futuro para conseguir o que preciso para ter sucesso — e não decepcionar nem você nem a agência.

Rhonda esperou um momento, antes de responder.

— Sem dúvida, a conta do United Bank está em crise — disse ela. — Se eu tivesse ganhado um dólar a cada vez que tivemos de nos mobilizar para salvar uma conta, seguramente poderia estar me aposentando agora. Preciso do seu relatório, mas estou confiante de que podemos salvar esta — acrescentou Rhonda.

Silenciosamente, Steve deu um suspiro de alívio. Perder o emprego teria sido ruim, mas a culpa de perder a conta teria piorado ainda mais as coisas. Ele fez menção de pegar a proposta para começar a colocar Rhonda a par da situação, mas ela não tinha terminado.

— Com toda sinceridade, Steve, estou mais preocupada com você. Sei o quanto você é consciencioso com seu trabalho e o orgulho que sente ao fazê-lo bem. Não quero perdê-lo, mas sinto que você está me escapando.

Steve mal conseguiu absorver o que ela dissera. Ela estava com medo de perdê-*lo*? Sem pensar, deixou escapar o que deve ter sido a pergunta mais tola que já fizera na vida.

— Você quer dizer que não vai me demitir?

132 | *Autoliderança e o Gerente-Minuto*

Para surpresa de Steve, Rhonda deu uma risada.

— Sinto muito — disse ela, procurando se conter. — Lembro-me de ter ouvido uma história... sabe-se lá se é verdadeira, mas é uma excelente história... a respeito de Tom Watson, o lendário líder da IBM. Um jovem enviado à sala de Watson estava apavorado porque um projeto do qual estava encarregado dera um prejuízo de milhares de dólares... talvez milhões. A cifra aumenta toda vez que ouço a história. De qualquer modo, o rapaz entrou naquela sala intimidante e Watson disse: "Conte-me o que aconteceu. O que você aprendeu, o que deu certo, o que saiu errado?" Durante uma hora, o jovem descreveu para Watson tudo o que considerava pertinente. No final da reunião, Watson agradeceu ao rapaz e lhe deu um aperto de mão. O jovem ficou sentado, aturdido, e fez a mesma pergunta que você acabou de fazer: "O senhor não vai me demitir?" Sabe o que Watson respondeu?

Steve balançou negativamente a cabeça.

— O quê?

— Consta que Watson teria dito, em alto e bom som: "Demiti-lo? Acabo de investir milhares de dólares no seu treinamento, por que cargas-d'água eu iria despedi-lo?" — Rhonda soltou outra risada. — Steve, estou no mesmo barco que Watson. Acho que você aprendeu mais na última semana do que qualquer programa de MBA poderia lhe ensinar. Não posso me dar o luxo de demiti-lo!

Como não costumava confiar de imediato em boas notícias, Steve levantou mais uma questão.

— Ouvi boatos de que você estaria pretendendo me tirar da conta e colocar Grant no meu lugar.

Nada de desculpas | 133

Rhonda contorceu o rosto em uma expressão que Steve não conseguiu decifrar. Ele esperou até ela responder. Finalmente, ela disse:

— Você se lembra da brincadeira do telefone sem fio, na qual uma criança cochichava uma mensagem no ouvido de outra, e esta, por sua vez, a passava para a criança seguinte e, depois que dava a volta completa e retornava à primeira criança, a mensagem tinha se tornado uma completa distorção da original?

— Então, qual era a mensagem original?

— Não era uma mensagem; era apenas uma ideia que eu estava considerando. Grant tem um verdadeiro potencial e excelentes habilidades interpessoais, mas carece de foco e atenção aos detalhes — exatamente as qualidades que você tem em profusão. Eu estava pensando em nomeá-lo seu executivo de contas júnior para que você pudesse ensinar a ele uma variedade mais ampla de habilidades.

Steve mal se continha de tanta alegria.

— Bem, se você não vai me demitir, e eu não vou pedir demissão, acho que temos muito trabalho pela frente. E obviamente tenho muito que aprender antes de atuar como mentor de Grant. Vamos pedir a comida e lhe mostrarei meus planos. — Steve fez um sinal para Tina, que o atendeu prontamente.

Enquanto comiam, Steve mostrou a Rhonda a proposta que havia preparado para o United Bank, explicando por que achava que o cliente recusara o orçamento, o plano de produção e a criação.

134 | *Autoliderança e o Gerente-Minuto*

— Como seu assistente, eu era especialista em preparar orçamentos e cronogramas, mas não sabia — aliás, não sei — como coletar as informações certas e conseguir a aceitação do cliente. Essas eram suas responsabilidades, as quais nunca aprendi.

Steve tinha decidido evitar usar a linguagem cheia de "Ds" do Modelo SLII®. O modelo orientaria seus pensamentos e comentários, mas ele receava que usar uma linguagem desconhecida para Rhonda poderia confundi-la. No entanto, à medida que compartilhava suas ideias, lembrou-se de como fora mais fácil se comunicar com Blair quando ambos usaram essa linguagem. Assim sendo, pegou o modelo e o resumiu para Rhonda.

Rhonda se revelou extremamente receptiva. Pediu exemplos específicos. Steve pegou a folha em que havia priorizado seus objetivos, diagnosticado seu nível de desenvolvimento em cada um deles e determinado o estilo de liderança de que precisava. Ele também explicou a Rhonda que, no que dizia respeito à liderança, ela não seria a única pessoa a quem ele recorreria.

— Desafiei as restrições autoimpostas que eu tinha com relação à minha equipe e ao cliente. Também ativei meus pontos de poder e percebi que tenho muitas pessoas e muitos recursos à minha disposição. Em outras palavras, você não é a única que pode me orientar.

Rhonda pareceu aliviada com o fato de a responsabilidade não ser inteiramente dela.

— Então você está dizendo que:

*

Um líder é qualquer pessoa que possa lhe dar o apoio e a orientação de que você precisa para alcançar sua meta.

*

136 | *Autoliderança e o Gerente-Minuto*

— Isso mesmo! Exclamou Steve, animado. — Mas como minha coach, chefe e, neste momento, salvadora da conta do United Bank, preciso de toda orientação que você puder me dar.

— Bem, aqui vai — avisou Rhonda. — A apresentação fracassou porque você se concentrou naquilo com que se sentia à vontade e deixou escapar o ponto essencial. Tentou usar o orçamento e o programa de produção para conduzir a estratégia. Tem que ser ao contrário. Primeiro, a abordagem estratégica, depois a criação e, só então, os orçamentos e cronogramas. Você escolheu o que sabia, mas, neste caso, isso o conduziu na direção errada. Foi por isso que Peter e Alexa não conseguiram elaborar nada criativo. Estavam trabalhando em um vácuo.

— Mas não fui capaz de fazer o cliente me dar uma estratégia ou concordar com uma — reclamou Steve.

— Steve, vou inverter seu modelo aqui. O United Bank já montou uma campanha publicitária completa antes? Eles já trabalharam com uma agência de propaganda ou, por sinal, com a nossa agência? Roger e seus representantes são especialistas em publicidade?

Steve olhou para Rhonda, para o modelo e, uma vez mais, para Rhonda, à medida que ia tomando consciência da situação. Ele abandonara o United Bank do mesmo modo como havia pensado que Rhonda o abandonara. Eles não tinham a menor ideia de como lhe dar uma estratégia.

— Você tem razão. É como um cego guiando outro — admitiu Steve. — Eles eram principiantes entusiasmados em D1, e agora tenho certeza de que são aprendizes desiludidos em D2 neste processo. Precisamos lhes dar muita orientação e muito apoio para que aceitem a estratégia.

— Vamos nos encontrar amanhã à tarde e o ajudarei com a estratégia — disse Rhonda.

Eles pegaram seus respectivos telefones e programaram uma reunião.

A um sinal de Steve, Tina lhe entregou a conta, com um olhar interrogativo. Ela alternou o gesto de *polegar para cima ou polegar para baixo?* Steve respondeu levantando discretamente os dois polegares. Em um tom de voz suave, ele disse:

— Muito obrigado pelo ótimo atendimento; pode ficar com o troco. — Ele piscou para ela e lhe deu uma gorjeta mais do que generosa.

9

Mágica de um minuto

Steve estava nos bastidores, falando em voz baixa pelo fone de ouvido com o técnico do audiovisual. Mais uma vez, ele era o coprodutor do programa anual de premiação de campanhas publicitárias. O mestre de cerimônias anunciou a categoria seguinte: melhor campanha publicitária. À medida que as cinco finalistas iam sendo anunciadas, Steve deu uma espiada no público presente. Rhonda e Grant estavam sentados na terceira fileira com Roger, do United Bank. Steve esperava que eles não ficassem muito decepcionados.

O mestre de cerimônias abriu o envelope.

— A vencedora é — disse ele, fazendo uma pausa — Irma's Eatery! — Uma exclamação de alegria emanou da audiência quando o nome da equipe de criação e da agência de propaganda foram anunciados.

Steve observou Rhonda se virar e dar um tapinha de consolo no braço de Roger. *Espere só*, pensou ele.

O mestre de cerimônias entregou os troféus de cristal triangulares e esperou que os aplausos diminuíssem antes de fazer o anúncio seguinte.

140 | *Autoliderança e o Gerente-Minuto*

— Este ano, o painel de juízes acrescentou uma nova categoria: o Prêmio dos Juízes para o melhor entre os novos anunciantes. E o prêmio vai para... o United Bank! Steve viu Roger pular do assento e agarrar Grant pelos ombros. Steve riu alto ao ver o sisudo presidente do banco tão animado. Roger acabara se revelando um cliente ideal. À medida que o mestre de cerimônias anunciava os nomes da equipe da Creative Advertising e do United Bank, Steve se deu conta de que estava mais feliz pelos outros do que por si mesmo: Peter, diretor de arte; Alexa, redatora; Maril, analista de marketing; Jude, produtora; Grant, executivo de contas júnior; e Steve, executivo da conta. A expressão de mãe orgulhosa de Rhonda não tinha preço.

Os nove meses que se seguiram ao almoço de Rhonda e Steve no Irma's Eatery tinham sido intensos. Nada mais justo que a rede de restaurantes ganhasse o grande prêmio e a Creative Advertising recebesse o prêmio surpresa da noite. Steve estava grato a Rhonda e à sua equipe, como também às duas pessoas que mais tinham colaborado para seu sucesso: Blair e Cayla. Blair passara de namorada a esposa e de corredora principiante a maratonista, confiante no Modelo SLII® para ajudá-la no domínio das corridas de longa distância e no seu casamento. Cayla continuou a ser a mentora de Steve, embora com menos frequência do que no início. No entanto, Steve sentiu uma pontada de tristeza — Cayla não estava presente naquela noite. Ele se acostumara a ter sua mágica favorita se materializando em momentos muito estranhos, porém extremamente oportunos.

Mágica de um minuto | 141

Steve terminou seus afazeres nos bastidores, agradeceu ao mestre de cerimônias pelo bom trabalho e se reuniu ao pequeno grupo de pessoas que ainda conversavam no saguão. À sua chegada, todos romperam em aplausos. Ele recebeu abraços apertados e tapinhas nas costas de colegas, amigos e, naturalmente, de Blair. De repente, Steve sentiu um puxão no braço. Era Rhonda.

Chamando-o de lado, ela cochichou no ouvido dele:

— Na segunda-feira, assim que chegar, vá até a minha sala. — Ela deu uma piscadela e foi embora.

Na segunda-feira, Steve cumprimentou Phyllis, que agora também era sua secretária.

— A chefe quer falar comigo. Alguma ideia do que se trata?

Com um sorriso enigmático, Phyllis se recusou a revelar o que quer que fosse.

Ao ouvir a voz de Steve, Rhonda veio recebê-lo para acompanhá-lo à sala dela.

— Steve — disse ela, fechando a porta. — Discuti uma ideia com Roger e ele concorda. A decisão depende apenas da sua resposta. Quero tirar você da conta do United Bank e promover Grant a executivo de contas.

Steve não respondeu, na esperança de que Rhonda tivesse algo mais a dizer. Ela entendeu o silêncio como um sinal para que prosseguisse.

— Quero promovê-lo a chefe do departamento de desenvolvimento de novos negócios. Se conseguirmos uma conta

142 | Autoliderança e o Gerente-Minuto

que seja particularmente do seu agrado, você terá a opção de se tornar o executivo de contas dela. O que você acha?

Steve digeriu a notícia por alguns momentos antes de responder o seguinte:

— A ideia me fascina. Minha preocupação é que estarei deixando um cargo em que estou no estágio D4, o do realizador autoconfiante com relação à maioria das minhas metas, por outro em que estarei no estágio D1, o do principiante entusiasmado, em quase todas as metas. É um cargo novo, não apenas para mim como também para a agência.

— É exatamente por esse motivo que queremos você — declarou Rhonda, enfática. — O cargo precisa de alguém que o molde. Alguém que desafie a restrição autoimposta de que "isso nunca foi feito antes". Alguém que ative pontos de poder para recorrer a recursos da mesma forma que eu e meus parceiros, que temos sido responsáveis por novos projetos desde que começamos a empresa. Alguém que saiba como obter a orientação e apoio de que precisa para ser bem-sucedido nessa função.

Steve se sentiu lisonjeado — especialmente depois que Rhonda mencionou um aumento de salário e de benefícios. Ainda assim — por não ser movido por dinheiro, poder ou status, e tampouco uma pessoa habituada a tomar decisões precipitadas — Steve disse a Rhonda que daria a resposta no dia seguinte.

Obviamente, Steve queria discutir o assunto com Blair. Além disso, também se sentia obrigado a compartilhar a decisão com sua mentora.

• • •

Mágica de um minuto | 143

Steve estacionou exatamente em frente ao Cayla's Café. Fazia semanas que não ia visitá-la e saborear um *mocha*. Os sinos da porta anunciaram sua chegada. Ele procurou a mesa em que costumavam se sentar e, para sua surpresa, viu Cayla sentada com um homem de aparência jovial que lhe pareceu vagamente familiar. Ao ver Steve, Cayla sorriu e acenou.

— Venha cá! — chamou ela. — Quero que conheça alguém.

Steve foi até a mesa e estendeu a mão para o desconhecido de aparência familiar.

— Steve — disse.

O homem apertou a mão de Steve com força.

— Prazer em conhecê-lo, Steve. Sou...

— O único e exclusivo Gerente-Minuto! — interrompeu Cayla. — Este é o homem que me ensinou tudo o que sei a respeito da mágica da liderança.

O rosto de Steve se iluminou.

— Uau! Que prazer conhecê-lo — disse. — Não tenho palavras para expressar o quanto seu ensinamento mudou minha vida para melhor.

O Gerente-Minuto sorriu humildemente.

— Sinto-me como se já o conhecesse. Cayla fala muito de você. Você deve se sentir muito orgulhoso.

Steve sorriu.

— Quando eu contar a Cayla a última novidade, quem vai ficar orgulhosa é ela. Eu também preciso do conselho dela sobre uma oferta que recebi da minha chefe. Mas estou interrompendo vocês. Posso voltar mais tarde, sem nenhum problema — declarou Steve, sorrindo.

144 | *Autoliderança e o Gerente-Minuto*

— Ha! — exclamou o Gerente-Minuto — dando uma sonora gargalhada. — Você não pode recusar o pedido dele, Cayla. Ele usou a expressão "Eu preciso".

Cayla riu e fez um sinal para Steve se sentar. Ele falou sobre a vitória do United Bank na premiação das campanhas publicitárias e do orgulho que sentiu pelo sucesso da sua equipe. Em seguida, descreveu sua nova oportunidade no trabalho.

— Parabéns, Steve. — Cayla se virou então para o Gerente-Minuto e disse: — Acho que está na hora.

— Na hora de quê? — perguntou Steve, apreensivo.

— De deixar você partir — respondeu Cayla.

Steve olhou para ela, depois para o Gerente-Minuto, à espera de uma explicação.

— Steve — disse ele —, a beleza de desenvolver um autolíder é que, no fim das contas, esse processo deixa os gerentes livres para focar a atenção onde é mais necessário. A função de Cayla foi ensinar a você como se tornar um autolíder. Ela alcançou seu objetivo. Está na hora de ela voltar a atenção para outros que precisem dela.

— Mas não estou no nível do realizador autoconfiante em tudo. Ainda preciso de orientação e apoio — protestou Steve.

— Você pode não estar no nível do realizador autoconfiante em muitas das metas e tarefas exigidas nessa nova oportunidade de trabalho — declarou o Gerente-Minuto, com firmeza —, mas já dominou os três truques da autoliderança:

*

*Os autolíderes desafiam restrições
autoimpostas, ativam seus pontos de poder
e são proativos com relação a conseguir
o que precisam para ter sucesso.*

*

146 | *Autoliderança e o Gerente-Minuto*

— Continue a praticar os truques e será bem-sucedido. Há outros aspirantes a autolíderes que precisam de Cayla agora — disse ele.

A porta do café se abriu bruscamente e um bando ruidoso de crianças entrou correndo em direção ao Canto Mágico de Cayla.

— Opa! — exclamou Cayla dando um salto da cadeira. — Hora do show!

— Cayla — disse Steve, segurando-a pelo cotovelo — antes que se vá, como posso lhe agradecer? Como poderei retribuir toda a ajuda que você me deu?

— Sendo apenas você mesmo — respondeu Cayla.

Antes que Steve pudesse dizer mais alguma coisa, Cayla já estava diante das crianças ansiosas, empoleirada na banqueta, fitando-as intensamente enquanto conquistava a atenção delas. Com sua voz profunda, ela disse:

— Meu nome é Cayla e sou mágica.

Quando os aplausos diminuíram, Cayla olhou para Steve enquanto perguntava às crianças fascinadas:

— Vocês acreditam em mágica?

Steve sorriu. *Ora, vejam só — eu* realmente *acredito em mágica,* pensou. Nesse momento, sentiu uma leve batida no ombro.

— Que bom para você! — cochichou o Gerente-Minuto. — Você será um bom mágico.

— O que você quer dizer com isso? — sussurrou Steve em resposta.

Mágica de um minuto | 147

O Gerente-Minuto simplesmente apontou para uma mulher que parecia perdida, sentada sozinha em uma mesa. Com o olhar distante, ela estava com o semblante parecido com o de Steve quando ele conheceu Cayla.

O Gerente-Minuto se levantou, deu uma piscadela e se encaminhou para a saída.

Enquanto observava o Gerente-Minuto desaparecer pela porta, Steve de repente percebeu como poderia agradecer a Cayla. Ele não faria isso retribuindo diretamente a ela. Agradeceria dando continuidade ao legado do Gerente-Minuto. Ele:

*

Ensinaria aos outros a mágica da autoliderança.

*

Apêndice: O truque do cartão de visita

Você consegue recortar um buraco em um cartão de visita suficientemente grande para passar sua cabeça por ele? Esse truque demonstra o poder de desafiar a restrição autoimposta. Para realizá-lo, siga estes quatro passos:

1. Pegue um cartão de visita e dobre-o ao meio no sentido do comprimento. Começando do lado dobrado, faça vários cortes com 0,5 cm de distância entre si, parando a um centímetro da borda oposta.

2. Vire completamente o cartão, de maneira que o lado aberto fique de frente para você. Entre os cortes, faça

mais cortes no sentido contrário, parando também a cerca de um centímetro da borda oposta do cartão.

3. Enfie a tesoura na dobra a partir do primeiro corte. Corte ao longo da dobra, parando antes do último corte, tomando o cuidado de deixar 0,5 cm da dobra intacta em cada extremidade.

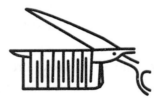

4. Desdobre o cartão com cuidado, separando os cortes até onde for possível e deslize o anel de papel pela sua cabeça.

Agradecimentos

Gostaríamos de agradecer às pessoas que contribuíram com sua mágica especial para este livro:

Martha Lawrence, que ajudou a dar forma não apenas a este livro, mas também aos nossos corações; nossos novos membros da equipe SSL Victoria Cutler, Kim King e Jay Campbell; **Maril Adrian,** que conduziu a Autoliderança e o EDGE ao seu sucesso; **Linda Hulst, Patrice DeVeau Simpson e Charlene Ables,** que se empenharam pessoalmente em melhorar a qualidade deste livro; clientes e colegas que encontraram tempo nas suas vidas atarefadas para dar feedback e apoio, especialmente **The Marmaxx Group e Nancy Maher; Jim Martin,** da Dow Chemical; **Humberto Medina, Trevor Keighly, Linda Taylor, Carla de Bose, Jason Arnold, Richard Andrews, Debra Talbert e Mark Manning,** de The Ken Blanchard Companies; e nosso brilhante editor na William Morrow, **Henry Ferris.**

Susan: Gostaria de agradecer pessoalmente a **Kenny Taylor,** que ensina sabedoria por meio das artes marciais e autoliderança por meio da aplicação; **Peter Turner,** que me ensinou a levar a mágica a sério; **Bill Brown,** que abriu

152 | *Autoliderança e o Gerente-Minuto*

meus olhos para as coisas invisíveis; **Aubrey Keen,** meu parceiro na minha busca constante de autoconhecimento; **Kip Woodring,** pelo seu apoio ao longo de muitos anos, por sua sabedoria a respeito de motocicletas e sua clássica canção do vendedor de peças.

Gostaríamos de agradecer aos nossos parceiros. Ken agradece à sua esposa, **Margie,** que por mais de cinquenta anos tem sido sua inspiração e parceira no aprendizado. Susan agradece a **Drea Zigarmi,** seu mentor e parceiro na vida, cuja paixão por liderança é superada apenas pela sua paixão por uma boa reflexão; Laurence agradece a **Laurie Ozanne Hawkins,** que tem feito parte da jornada Blanchard em todos os momentos.

Sobre os autores

Ken Blanchard é o principal diretor espiritual de The Ken Blanchard Companies, empresa internacional de desenvolvimento de recursos humanos. Ele também é cofundador da Lead Like Jesus Ministries, organização internacional de desenvolvimento da liderança que ajuda pessoas e organizações a liderar com mais eficácia ao seguir o modelo de Jesus. Poucas pessoas têm causado um impacto mais positivo e duradouro na gestão cotidiana das pessoas e das empresas do que Ken Blanchard. Ele é autor de vários best-sellers, entre eles o megassucesso internacional *O Gerente-Minuto* e os colossais best-sellers de negócios *Liderança e o Gerente-Minuto*, *Raving Fans* e *Gung Ho!*. Seus livros combinados venderam mais de vinte milhões de exemplares em mais de quarenta idiomas. Ken e sua esposa, Margie, moram em San Diego e trabalham com o filho Scott, a filha Debbie, e a esposa de Scott, Madeleine.

Susan Fowler é sócia consultora de The Ken Blanchard Companies desde 1990. Com Ken Blanchard e Laurence Hawkins, ela desenvolveu e é a principal promotora de Autoliderança, considerado um dos melhores programas

154 | Autoliderança e o Gerente-Minuto

do mundo a promover comportamentos proativos no local de trabalho. Ela também é a principal fomentadora da experiência de treinamento Optimal Motivation e autora do best-seller *Why Motivating People Doesn't Work... And What Does: The New Science of Leading, Energizing, and Engaging*. Ao longo dos seus trinta anos de carreira, publicou artigos de opinião, pesquisas revisadas por colegas especialistas e livros, entre eles *Achieve Leadership Genius* com Drea Zigarmi e Dick Lyles, *Leading at a Higher Level* com Ken Blanchard, *The Team Leader's Idea-a-Day Guide* com Drea Zigarmi, *Empowerment* com Ken Blanchard e *Good Leaders, Good Shepherds* com Dick Lyles, tendo lançado também programas de áudio sobre *Mentoring: How to Foster Your Career's Most Crucial Relationships* e *Overcoming Procrastination*.

Susan é uma das maiores especialistas em empoderamento pessoal, tendo ministrado palestras nos cinquenta estados americanos e em mais de vinte países. Em 2002, recebeu um prêmio vitalício pelo design instrucional criativo da Thiagi's North American Simulation and Gaming Association. Bacharel em administração pela Universidade do Colorado, em Boulder, é atualmente professora-adjunta do programa de mestrado em liderança executiva da Universidade de San Diego.

Laurence Hawkins é consultor e instrutor gerencial de renome internacional, além de dinâmico palestrante motivacional. Nos últimos vinte anos, trabalhou com centenas de organizações nas áreas de treinamento de liderança, motivação, formação de equipes e desenvolvimento organizacional.

Sobre os autores | 155

Sua experiência internacional lhe rendeu contratos de consultoria e treinamento na América do Sul, no Extremo Oriente e em vários países da Europa, entre eles Espanha, Inglaterra, Itália, Suécia, Holanda e Dinamarca. Tanto no âmbito nacional quanto internacional, adquiriu a reputação de ser um profissional dedicado e experiente que suscita resultados positivos de maneira prática.

A lista de clientes de Laurence inclui diversas indústrias e gigantes corporativas como a Lockheed Martin, AT&T, Johnson & Johnson e Bristol-Meyers Squibb, bem como uma série de escolas, hospitais, restaurantes e start-ups.

Ao lado de Ken Blanchard e Susan Fowler, foi coautor do programa de Autoliderança, que enfatiza o empoderamento e a iniciativa quando se está à frente de alguma tarefa;

Laurence é bacharel em história e literatura americana pelo Williams College e concluiu o mestrado e o doutorado em liderança e comportamento organizacional na Universidade de Massachusetts, em Amherst.

Serviços disponíveis

Autoliderança e o Gerente-Minuto completa a trilogia que começou com *Liderança e o Gerente-Minuto,* seguido de *O Gerente-Minuto desenvolve equipes de alto desempenho.* Esses três livros descrevem os três programas de liderança que desempenharam um papel central na formação de The Ken Blanchard Companies®.

Nossa empresa está empenhada em ajudar líderes e organizações a ter um nível superior de desempenho. Os conceitos e convicções apresentados neste livro são apenas algumas das maneiras como Ken, sua empresa e a Blanchard International — uma rede mundial de consultores, instrutores e coaches de classe internacional — ajudaram organizações a melhorar a produtividade no local de trabalho, a satisfação dos funcionários e a lealdade dos clientes ao redor do mundo.

Se você desejar informações adicionais a respeito de como aplicar esses conceitos e abordagens na sua organização, ou quiser informações a respeito de outros serviços, programas e produtos oferecidos pela Blanchard International, entre em contato conosco por carta, telefone ou e-mail, ou visite nosso site.

158 | Autoliderança e o Gerente-Minuto

The Ken Blanchard Companies
World Headquarters
125 State Place
Escondido, California 92029
United States
Telefone: +1-760-489-5005
E-mail: International@kenblanchard.com
Website: www.kenblanchard.com (todo o conteúdo
em inglês)

best.
business

Este livro foi composto na tipografia Palatino LT Std,
em corpo 11/16, e impresso em papel off-set no
Sistema Cameron da Divisão Gráfica da Distribuidora Record.